服务国民经济和社会发展全局

服务社会主义新农村建设

服务人民群众安全便捷出行

Zuohao“San ge fuwu” Shixian Jiaotong Youhaoyoukuai Fazhan

# 做好“三个服务”　实现交通又好又快发展

周世旺　主编

人民交通出版社

## 内 容 提 要

本书收录了交通部机关司局、各省区市交通厅局、相关交通企事业单位负责同志关于“三个服务”的文章68篇，这些文章思路清晰，观点明朗，措施可行，将之汇集成书有利于在全行业进行广泛深入的交流和借鉴。对于交通行业践行“三个服务”，促进交通又好又快发展将产生积极的推动作用。

**图书在版编目（CIP）数据**

做好“三个服务” 实现交通又好又快发展/周世旺主编．—北京：人民交通出版社，2008.1
ISBN 978-7-114-06937-6

Ⅰ．做… Ⅱ．周… Ⅲ．交通运输管理—中国 Ⅳ．F512.1

中国版本图书馆 CIP 数据核字（2007）第 199102 号

许可证号：京朝工商广字第 8042 号

书　　名：做好“三个服务”实现交通又好又快发展
著 作 者：周世旺
责任编辑：李红茹　岑　瑜
出版发行：人民交通出版社
地　　址：（100011）北京市朝阳区安定门外外馆斜街 3 号
网　　址：http://www.ccpress.com.cn
经　　销：各地新华书店
印　　刷：廊坊市长虹印刷有限公司
开　　本：787×1092　1/16
印　　张：10.375
字　　数：179 千
版　　次：2008 年 1 月第 1 版
印　　次：2008 年 1 月第 1 次印刷
书　　号：ISBN 978-7-114-06937-6
定　　价：18.00 元

# 序

XU

在2007年全国交通工作会议上，交通部党组明确要求，全国交通行业要努力做好“三个服务”，即服务国民经济和社会发展全局，服务社会主义新农村建设，服务人民群众安全便捷出行，推进交通事业又好又快发展。坚持做好“三个服务”，是在正确分析交通发展形势、深刻认识交通本质属性、科学总结交通发展实践、正确把握交通发展规律的基础上，对交通工作全面落实科学发展观本质要求的新认识，是做好交通工作、推进交通又好又快发展的重要指导原则。

服务国民经济和社会发展全局，是交通工作的总任务。就是要按照中央的决策部署，根据经济社会发展和改革开放的要求，加快实施和完善交通发展规划，加快交通基础设施建设，提高运输服务保障水平，为全面建设小康社会提供良好的交通支撑。服务社会主义新农村建设，是交通工作的重中之重。就是要积极落实建设社会主义新农村的部署和要求，把加强农村公路发展作为交通公共服务的重中之重，按照“省部联手、各负其责、统筹规划、分级实施、因地制宜、量力而行”的原则，积极推进农村公路建设，养护好、管理好农村公路，发展农村运输，为农村经济发展、农业产业结构调整、农民增收提供良好的交通条件。服务人民群众安全便捷出行，是交通工作的根本要求。就是要坚持以人为本，把安全放在交通工作的突出位置，既重视交通基础设施建设中的安全监管，又不断提高交通基础设施的安全性、适用性，既不断增加交通有效供给能力，又不断提高运输服务的质量、效率和水平，让人民群众出行放心、满意。

“三个服务”相互联系，相互促进，是一个有机整体。“三个服务”的提出，既是对多年来交通实践经验的总结，也是对交通发展规律认识的深化；既是交通工作贯彻落实科学发展观的根本要求，也是做好交通工作的时代要求。

刚刚闭幕的党的十七大描绘了夺取全面建设小康社会新胜利、开创中国特色社会主义事业新局面的辉煌前景。十七大报告系统阐述了科学发展观的内涵，明确指出，科学发展观是我国经济社会发展的重要指导方针，是发展中国特色社会主义必须坚持和贯彻的重大战略思想。深入贯彻落实科学发展观，就要促进国民经济又好又快发展；就要统筹城乡发展，推进社会主义新农村建设；就要始终把实现好、维护好、发展好最广大人民的根本利益作为党和国家一切工作的出发点和落脚点。部党组提出的“三个服务”符合十七大精神，符合全面建设小康社会的新要求，是交通工作落实科学发展观的生动实践。

认真贯彻落实党的十七大精神，高举中国特色社会主义伟大旗帜，深入贯彻落实科学发展观，要求交通工作进一步做好“三个服务”，坚持服从、服务于经济社会发展全局，从人民群众的根本利益出发，转变发展理念、明确发展内涵，注重依靠科技进步和管理创新促进科学发展，实现交通由外延式的粗放型增长向内涵式的集约型发展转变、由以生产增长为导向的发展向以服务质量为导向的发展转变，不断提高“三个服务”的能力和水平，实现交通又好又快发展，加快交通由传统产业向现代服务业的转型，为实现全面建设小康社会奋斗目标的新要求作出新贡献。

为统一交通行业思想，积极践行“三个服务”，中国交通报于2007年3月到9月在头版显著位置开辟了《“三个服务”论坛》专栏，约请部机关司局、各省区市交通厅局、相关交通企事业单位的65位负责同志撰稿。这些同志结合本部门、本地区、本单位的工作实际，畅谈了“三个服务”的重要意义，提出了做好“三个服务”促进交通又好又快发展的思路和措施。文章思路清晰，观点明朗，措施可行。将这些文章集结成书，有利于在全行业进行广泛深入的交流和借鉴，对于交通行业践行“三个服务”，促进交通又好又快发展将产生积极的推动作用。

李盛霖

2007年11月12日

# 目录

MULU

# 做好“三个服务” 促进社会和谐

（中华人民共和国交通部部长 李盛霖）

交通是支撑经济协调发展、促进生产力合理布局、沟通城乡、保障国家安全和社会稳定的基础性、先导性产业，也是重要的生产性服务业和消费性服务业。它面向国民经济所有部门，贯穿于社会生产、流通各个方面，与人民群众的生产生活息息相关，在构建社会主义和谐社会中承担着重要职责。到2006年底，全国公路通车里程达348万公里，其中高速公路4.54万公里，稳居世界第二；拥有生产性泊位36 040个，其中万吨级泊位1 190个；内河通航12.34万公里，其中等级航道6.1万公里；公路和水路客运量、旅客周转量、货运量、货物周转量在综合运输体系中分别占92.8%、53.2%、84.2%和73.1%，90%以上外贸进出口货物通过海运完成。全国已有13个亿吨大港，港口货物吞吐量和集装箱吞吐量连续4年保持世界第一。

在新的历史条件下，交通工作要深入贯彻落实科学发展观，努力做好“三个服务”，实现交通又好又快发展，为构建社会主义和谐社会发挥更大的作用。

## 一、服务国民经济和社会发展全局，为构建社会主义和谐社会提供交通基础设施

构建社会主义和谐社会，必须大力发展社会生产力，逐步缩小区域发展和城乡发展差距，不断为社会和谐创造雄厚的物质基础。交通运输是“吃住行”中的重要一环，是保障经济社会又好又快发展的重要物质基础。服务国民经济和社会发展全局，是交通工作的总任务。完成好这个服务，就是按照中央的决策部署，根据经济社会发展和改革开放的要求，科学安排，强化管理，加强公路水路交通基础设施建设，保障能源、重点物资、农副产品、外贸货物以及应急抢险运输，实现覆盖范围更广、服务水平更高的货畅其流、人便于行。

加快实施和完善交通发展规划。根据中央构建和谐社会的总体部

署，加快实施《国家高速公路网规划》、《农村公路建设规划》、《全国沿海港口布局规划》和《全国内河航道和港口布局规划》等交通长远发展规划，尽快建成全国公路运输大通道，形成优势互补、分工合理、相互协作、竞争有序的沿海港口体系。完善和整合西部大开发、东北振兴、中部崛起、长三角、珠三角和环渤海等区域交通发展规划，促进区域经济社会协调发展。抓紧公路水路交通结构调整的战略研究，加强交通专项规划的编制，组织实施国家公路运输枢纽规划，推进枢纽城市公路运输枢纽总体规划的编制，加强交通建设项目前期工作。

加强交通基础设施建设。今年计划建成高速公路 5 000 公里以上，确保年底完成“五纵七横”国道主干线建设任务，继续加快西部开发 8 条省际通道建设。加强沿海煤油矿箱大型专业化码头和深水航道建设，重点是上海国际航运中心洋山深水港区集装箱码头、天津港北港池集装箱码头和长江口深水航道治理三期工程等。加快推进以长江黄金水道为重点的内河水运建设，组织实施长江黄金水道建设总体推进方案，继续做好三峡船闸完建期的通航保障工作，建成湘江株洲航电枢纽，加快嘉陵江航电枢纽建设，稳步推进西江、松花江等内河重点项目，开工建设西江桂平二线船闸工程。

提高运输服务保障水平。按照建立统一开放、竞争有序的交通运输市场的要求，进一步规范市场秩序，提高运输保障能力。加强和改进运输市场监管，严格市场准入，建立健全运输市场信用体系，严厉打击无证经营、违章经营。落实运输企业质量信誉考核制度，制定推行以服务质量招投标为主要内容的道路客运班线经营权制度，争取两年内建立起全国道路运输信息系统，建立省级道路运管机构 GPS 监控平台。以国际班轮运输为重点，整顿和规范国际海运市场秩序。加强运输组织协调，保障重点物资和紧急物资运输，健全完善防灾抗灾应急机制和应急预案，强化公路路网的应急保通能力。精心组织春运和黄金周旅客运输工作，确保广大旅客走得了、走得好。继续完善和扩大全国“绿色通道”网络建设，实现省际互通。引导船舶运输能力和组织结构调整，促进船队经营规模化、集约化，加快进口能源、重要原材料运输国轮船队建设，扩大五星红旗船队规模，加强五星红旗船队建设，保障国家经济安全。

大力推进创新型交通行业建设。充分发挥交通科技的支撑和引领作用，加强交通建设、管理领域关键技术和智能交通技术等研究和推广，加快交通信息化建设，完善公路水路管理信息系统及交通科技信息资源共享平台建设。切实转变交通增长方式，把建设资源节约型、环境友好型交通行业作为重要抓手，高度重视能源、资源和环境对交通发展的刚性约束，切实摆正交通发展与资源节约和环境保护的关系，落实最严格的耕地保护制度和环境保护政策，结合行业实际制定产业政策，把资源节约、环境友好的要求贯穿到交通规划、设计、建设和管理的各个环节，科学合理利用土地、岸线等稀缺资源，切实保护环境，节能降耗，发展交通循环经济，努力实现交通节约发展、绿色发展、可持续发展。

## 二、服务社会主义新农村建设，为构建社会主义和谐社会创造交通条件

服务社会主义新农村建设，是交通工作的重中之重。做好这个服务，就是要着力解决人民群众最关心、最直接、最现实的利益问题，从农村公路面广、量大、保通保畅任务重的实际出发，因地制宜地推进农村公路建设，养护好、管理好农村公路，发展农村运输，为农村经济发展、农业产业结构调整、农民增收提供良好的交通条件。

切实将交通公共服务的重点转向农村。中央确定了工业反哺农业、城市支持农村的方针，要求各级政府把基础设施建设的重点转向农村，国家财政新增固定资产投资增量部分主要用于农村。从2003年开始，按照中央的总体部署，我们启动了建国以来规模最大的农村公路建设，去年进一步加大对农村公路的投资倾斜力度，出台了以农村公路建设为重点的8项服务新农村建设的实质性措施，按照“省部联手、各负其责、统筹规划、分级实施、因地制宜、量力而行”的原则，与各省区共同签订了落实中央1号文件农村公路建设任务的意见，启动了“五年千亿元”农村公路建设工程，对车购税投资结构进行重大调整，用于农村公路建设的投资比重达到39.5%，新改建农村公路32.5万公里。今年将与各省继续落实部省协议，建立工作协调机制和建设目标考核制度，进一步加大投资倾斜力度，车购税投资农村公路的总量将超过40%。各省级交通部门和各级政府对农村公路的支持力度也将高于去年。在此基础上，重点加大革命老区、少数民族地区、边疆地区和特别贫困地区农村公路的建设力度，体现交通公共服务均等化和社会公平的原则。

全面推进农村公路建设。今年新改建农村公路30万公里，其中中央投资计划安排建设农村公路21万公里。加强质量监管，抓好督促检查，把好质量关。加强资金使用监管，积极推行农村公路建设纪检监察巡查制。加强农村公路养护管理，继续推进农村公路养护体制改革。今年出台《农村公路养护管理办法》，督促各地出台农村公路管理养护体制改革实施方案，做到责任到位、资金到位，完善制度，逐步实现“有路必养”。继续推进农村公路渡口改造和渡改桥工程，切实解决水网

地区、江河两岸和岛屿居民过渡难和渡运安全问题,实施县乡公路安全保障工程建设,让农民群众过安全渡、乘放心船、走方便桥。继续统筹城乡交通发展,加快农村客运网络化建设,推进路站运一体化和城乡客运一体化进程,推广安全、经济、适用的农村客运车型,合理安排农村客运线路,扩大农村客运覆盖范围,落实扶持政策,确保农村客运班车开得通、留得住、有效益。

充分发挥农村公路基础性作用。今年中央1号文件把积极发展现代农业作为扎实推进社会主义新农村建设的首要任务。根据这一新任务新要求,我们从服务现代农业的新视角,拓展农村公路发展思路,完善相关政策措施,注重发挥农村公路在发展现代农业和改善民生方面的重要作用。根据现代农业发展的布局和要求,把农村公路延伸到农田示范区、生产园区、生态观光区、畜牧养殖基地等人流、物流集中的地点。把农村公路建设变成农民增收的有效途径,积极动员农民群众参与农村公路建设、养护和客货运输,为促进农民增收、扩大就业、转移富余劳动力创造条件。加强对农民工、养路工以及从事公路运输业的驾驶员、维修工的交通技能和实用技术培训,提高从业能力。认真贯彻中央农村综合改革的要求,在推进农村公路建设中,不修农民群众不愿修的路,不增加农民负担和乡村债务。

## 三、服务人民群众安全便捷出行,为构建社会主义和谐社会增强交通运输保障能力

服务人民群众安全便捷出行,就是要坚持以人为本,把安全放在交通工作的突出位置,既重视交通基础设施建设中的安全监管,又不断提高交通基础设施的安全性、适用性,让人民群众出行放心;既不断增加交通有效供给能力,又不断提高运输服务的效率、质量和水平,让人民群众出行满意。

近年来,我们认真贯彻"安全第一、预防为主、综合治理"的方针,落实安全管理责任体系,加强安全监管和能力建设,交通安全形势稳中趋好。去年,全国港口吞吐量大幅度上升,水上交通流量持续增长,水上交通事故四项指标大幅下降,事故件数、死亡人数、沉船艘数、直接经济损失分别下降17.2%、21.5%、18.3%和10.6%。共组织协调水上搜救行动1620次,成功救助16753人,救助成功率达95.7%,获救财产价值达63.14亿元。开展了国省干线公路灾害防治、公路安全保障和危桥改造三项工程,共改造和治理急弯险段等安全隐患里程2.2万公里、6.8万处,改造和加固危桥1719座。与铁道部联合开展了公铁立交安全整治工作。加强交通建设项目施工安全管理,组织了以公路桥

梁、隧道建设项目为重点的专项整治。

今后，我们将加大工作力度，采取以下具体措施，进一步提高服务人民群众安全便捷出行的能力和水平。

一是加强水上安全监管和救助能力建设。继续加强重点水域、重点船舶、重点时段和重点环节的安全监管，建立水上交通安全长效机制。深化渡口渡船安全专项整治，加快海船更新改造和老旧客滚船淘汰步伐，改善船舶技术状况，完善载货汽车滚装码头危险品检测手段。督促乡镇船舶进一步落实安全生产责任制，加强旅游船安全管理。深入开展交通平安建设，抓好15项具体措施的落实。加强港口治安防控体系建设，维护港航治安稳定，建立健全港口安全评估制度和体系，启动建设全国港口保安信息系统。加大资源整合力度，加强海事监管、专业救助装备和队伍建设。

二是建立道路运输安全管理长效机制。继续落实道路安全监管职责，建立道路运输安全管理长效机制。加强道路客运和危险货物运输安全管理，开展道路运输企业安全评估，监督道路运输企业切实履行安全生产主体责任，做好挂靠车辆的安全管理。继续组织好公路交通安全保障工程、危桥改造工程、干线公路灾害防治工程及公铁立交安全整治，确保道路运输安全畅通。继续加强车辆超限超载治理，建立车辆超限超载治理长效机制。

三是加强交通建设项目施工安全监管。进一步加强交通建设项目施工安全工作，强化各级交通质量监督机构的作用，落实《公路水运工程安全生产监督管理条例》，针对高风险施工，继续开展建设安全专项整治，完善应急反应机制，规范突发事件应对处置程序，提高应急反应水平。抓紧修订《公路工程施工安全规程》和《水运工程施工防护技术规范》，推进安全生产监管工作法制化、标准化。

四是加强交通安全应急体系建设。加快编制《交通突发公共事件应急体系建设规划》，完善公路水路交通突发公共事件应急体系，提高应对公共突发事件的能力，提高事故预防、处置和救助能力。深入开展公路水路交通各类突发公共事件风险普查和监控，加快交通应急平台建设，完善应急预案，加大公共安全设施建设投入。

五是完善和创新便民服务措施。继续完善运输网络，逐步实现高速公路长途客运网络化、中途客运直达化、短途客运公交化、出租车客运规范化；加快农村客运网络化和城乡客运一体化进程，有效衔接和优化城乡客运网络；不断提高城市交通的便捷程度，开展特大城市公路客运枢纽换乘系统规划建设试点；加快水路客运旅游化、高速化。不断提高信息服务水平，充分发挥全国公路气象预报预警系统、公路水路信息服务系统和动态交通信息导航系统的作用，为公众提供及时、准确、高效的出行信息，提高交通公共服务的有效性和针对性。进一步完善交通应急保障机制，继续提高在雨雪雾等恶劣天气快速疏导滞留旅客的能力。加大对收费公路的监管力度，逐步减少二级收费公路的规模，督促收费公路经营者在运营管理中更好地体现公众利益和社会责任，组织推进高速公路不停车收费，提高通行能力和通行效率。

# 以科学发展观为指导，努力做好“三个服务”

（中华人民共和国交通部副部长　黄先耀）

2006年7月召开的建设创新型交通行业工作会议上，交通部党组明确提出在建设创新型交通行业中，要做好“三个服务”。此后，广大交通干部职工对“三个服务”的认识在不断深化，思路越来越清晰，落实措施更加具体，成效更加突出。今后，我们要以十七大精神为指导，全面落实科学发展观，提高做好“三个服务”的能力和水平。

## “三个服务”的提出是部党组学习实践科学发展观的重要思想成果

党的十六大以来，以胡锦涛同志为总书记的党中央，在邓小平理论和“三个代表”重要思想指导下，结合新世纪新阶段国际国内形势的新变化，以极大的理论勇气提出了以人为本、实现科学发展、构建社会主义和谐社会、建设社会主义新农村、建设创新型国家、树立社会主义荣辱观、推动建设和谐世界、加强党的先进性建设等重大战略思想。这一系列重大战略思想是一个相互联系的有机整体，核心就是科学发展观。科学发展观是马克思主义关于发展的世界观和方法论的集中体现，它创造性地回答了什么是发展、为什么发展、怎样发展的重大问题，赋予马克思主义关于发展理论以新的时代内涵和实践要求，是理论创新的又一次历史性飞跃，是指导全面推进社会主义经济建设、政治建设、文化建设、社会建设和党的建设的强大思想武器。一年来，部党组始终坚持一切工作都以科学发展观为统领，自觉贯彻科学发展观，全面落实科学发展观。“三个服务”正是部党组在学习实践科学发展观的过程中提出的，是以科学发展观为指导得出的与时俱进的发展交通事业的新思路。“三个服务”既是一种科学发展理念，也是我们交通工作的最高目标追求。

## “三个服务”理念为交通事业开辟了一条科学发展的新路

在党中央、国务院的高度重视和正确领导下，党的十六大以来，交通工作紧紧围绕经济社会发展大局，抓住机遇，加快发展，实现了历史性的新跨越，对经济社会发展的保障能力、对人民群众安全便捷出行的服务能力和对社会主义新农村建设的支撑能力明显增强。同时我们也清醒地看到，在取得巨大成就的同时，历史积累的老问题和发展中的新问题日益显现出来，全社会对交通的期望值越来越高，我们背负的社会压力越来越大，面临的难题也越来越多。可以说交通事业已经进入了一个增长的转型期和发展的关键期。交通还要不要加快发展以及如何发展的问题，已经成为摆在我们每个交通人面前的首要问题。在这种情况下，部党组审时度势，在认真总结多年来交通发展实践经验，深刻认识和把握交通发展规律的基础上，提出了“努力做好三个服务，推进交通又好又快发展”的新理念。这一新理念，明确回答了交通为谁发展和如何发展的问题，既体现了科学发展观的基本内涵，又反映了经济社会发展对交通的客观要求，同时也是交通事业在新世纪新阶段作出的一种历史性选择。这种选择，为交通事业开辟了一条科学发展的新路子。

## 交通行业做好“三个服务”必须打牢三个基础

从现在看，“三个服务”的理念已被广大交通干部职工接受，个别同志反映，“三个服务”通俗易懂，但要落实到交通各项工作中去并不容易，尤其是要将部党组的这一目标要求变成全行业的共同行动就更不是一朝一夕的事。因此，我感到，做好“三个服务”既是一个理论问题更是一个实践问题。实现做好“三个服务”的目标，必须打牢“三个基础”，即理论基础、思想基础和物质基础。

一是要从党的全心全意为人民服务的宗旨，从坚持以人为本、实现科学发展，从构建社会主义和谐社会、经济、政治、文化、社会发展要求，从把握交通的本质属性、加快推进交通由传统产业向现代服务业转型等方面进行深入研究，为倡导“三个服务”奠定坚实的理论基础。

二是要从处理好交通产品供应与需求的关系，建设与运输的关系，管理与服务的关系，交通发展与节约土地、能源和保护环境的关系，发展规模、速度与质量、效益的关系，交通运输业的服务属性与基础性、先导性的关系等入手，统一全行业的认识，为做好“三个服务”奠定坚实的思想基础。

三是要破解难题，切实做到又好又快发展，为做好“三个服务”奠定坚实的物质基础。“三个服务”是交通发展到现阶段，具备了一定基础条件的情况下提出的。实践“三个服务”，必须做到又好又快、好中求快，这是做好“三个服务”的基础。为此，必须破解当前影响又好又快发展的体制、机制、政策、制度等方面的难题，进一步解放和发展生产力，促进又好又快发展。只有实现了又好又快发展，才能为做好“三个服务”创造良好的条件，奠定坚实的物质基础。

## 交通部机关落实“三个服务”，需要重视和关注的三个问题

在落实和践行“三个服务”的过程中，交通部机关和机关干部必须当先行、做表率。为此，需要重视和关注以下三个问题。一是科学决策问题。温总理讲，这是政府部门的一项基本制度，也是一项最重要的职责。在决策过程中如何做到科学、民主、依法决策，实现理论与实践的统一，主观与客观的统一，对上负责与对下负责的统一，使我们的决策既符合党和国家的要求，又符合法律法规规定，还要符合人民群众的意愿和实际情况，需要认真研究。二是干部队伍素质问题。一方面需要研究如何用制度管事、用制度管人、用制度管权，使干部切实做到为民、务实、清廉；另一方面又要研究在领导职数有限、干部晋升渠道越来越窄的情况下，如何建立有效的激励机制，增强机关干部活力，提高干部素质，调动大家的积极性、主动性和创造性，这是当前部机关面临的一个难题。三是弘扬良好风气问题。如何进一步增强干部之间、部门之间团结协调、形成合力，倡导多一些学习、少一些应酬，多一些思考、少一些浮躁，多一些理解、少一些指责，多一些配合、少一些埋怨；以及如何进一步强化服务理念，增强服务意识，改善服务手段，提高服务水平，还需要我们创新思路与方法。上述三个问题既是胡锦涛总书记在中纪委七次全会讲话中提到的，也是近段时间部党组多次议论、李部长一再强调的问题。如果这三个问题不能得到较好解决，就会影响部机关的行政能力和行业形象，就难以在实践“三个服务”中带好头、做表率，全行业要做好“三个服务”的目标要求就很难落到实处。因此，加强机关作风建设，必须重视并注意解决好这三个问题。

# 加强反腐倡廉建设<br>为做好“三个服务”提供坚强的政治保证

（中央纪委驻交通部纪检组组长　杨利民）

党的第十七次全国代表大会，明确提出了反腐倡廉建设的新概念，这是我们党对反腐倡廉规律的新认识，对反腐倡廉战略的新定位，对反腐倡廉工作的新要求。广大交通干部职工特别是交通纪检监察战线的同志要认真学习贯彻十七大精神，紧紧围绕交通改革发展，密切结合工作实际，着力加强反腐倡廉建设，为全行业做好“三个服务”提供坚强的政治保证。

## 充分认识反腐败斗争的长期性、复杂性、艰巨性，<br>切实把反腐倡廉建设放在更加突出的位置

党的十六大以来，全国交通系统广大干部职工在党中央、国务院的坚强领导下，不断调整交通结构、转变增长方式，推进行业创新，加强行业管理，聚精会神搞建设，一心一意谋发展，旗帜鲜明反腐败，交通事业发展突飞猛进、成就举世瞩目，对国民经济和社会发展的先导性、基础性作用更加突出，为经济社会发展、社会主义新农村建设，人民群众安全便捷出行，做出了应有的贡献，展示了交通系统党员干部队伍团结拼搏、昂扬向上的良好精神风貌。在反腐倡廉方面，我们始终坚持标本兼治、综合治理、惩防并举、注重预防的方针，按照中央的统一部署和总体要求，紧紧围绕加强党的执政能力建设和先进性建设这个主题，紧紧围绕交通改革发展这个中心，深入推进具有交通特色的惩治和预防腐败体系建设，反腐倡廉工作取得了重要进展，积累了宝贵经验，取得了明显成效：腐败易发多发的势头得到了有效遏制；更加关注民生民利，坚决纠正损害群众利益的突出问题，实现了全国所有公路基本无“三乱”的目标；涌现出广东开阳高速公路、江苏润扬长江大桥等廉洁工程和赵家富、陈刚毅等一大批叫得响、过得硬的廉政典型；集中总结推广了江

苏农村公路纪检监察巡查制、河北高速公路建设“十公开”、长江航道局制度防腐等廉政建设的经验；对具有行业特点的反腐败斗争规律性的认识不断深化，工作领域不断拓展，工作重点更加明确，工作方法更加有效。

但是，我们还应清醒地看到，西方敌对势力西化分化的图谋未减，腐败的社会历史根源在党内和社会生活中仍然存在，体制机制和制度还不完善，市场主体诚信意识不强，行为不规范，交通基础设施建设任务繁重，资金密集，竞争激烈，点多、线长、面广，监管难度大，给一些消极腐败现象有可乘之机。招投标活动中围标串标、弄虚作假、出借资质、违法转包、非法分包等问题比较突出，商业贿赂现象时有发生，新情况新问题不断显现，反腐败斗争的形势依然严峻，任务依然艰巨。另外，交通发展的结构性矛盾比较突出，资源性约束不断加剧，深化改革需要突破许多体制机制性障碍，改革处于攻坚阶段。这些情况充分说明，深化交通改革、完善体制机制，铲除滋生腐败的土壤和条件是一个长期的历史过程。这就决定了在相当长的一个时期内，交通行业的反腐败斗争仍将是成效与问题并存、防治力度不断加大与腐败现象易发多发并存、群众对反腐败的期望值不断提高与腐败现象短期内难以根治并存的态势。

我们既要看到反腐倡廉建设面临的有利条件，进一步坚定信心，又要充分认识反腐败斗争的长期性、艰巨性和复杂性，切实增强反腐倡廉工作的政治责任感和历史使命感，把反腐倡廉建设放在更加突出的位置，扎实推进反腐倡廉建设，努力做好“三个服务”，为实现交通又好又快发展提供坚强有力的政治保证。

## 全面履行纪检监察职责，围绕做好“三个服务”，加强监督检查

学习贯彻十七大精神，要牢牢把握中国特色社会主义的主题，要始终贯穿科学发展观的主线，要紧紧围绕全面建设小康社会的目标。部党组提出“三个服务”，即服务国民经济和社会发展全局、服务社会主义新农村建设、服务人民群众安全便捷出行。努力做好“三个服务”，是部党组在认真总结多年来交通发展的实践经验，深刻认识交通发展规律的基础上，对交通工作全面落实科学发展观本质要求的新认识，是新时期新阶段交通工作的重要指导原则。做好“三个服务”，就是交通工作必须服从、服务于经济社会发展全局，服从、服务于中央的各项战略决策部署，把解决人民群众最关心、最直接、最现实的利益问题作为交通工作的出发点和落脚点，明确发展内涵，更新发展理念，转变发展方式，依靠科技进步和管理创新，实现交通由外延式的粗放型增长向内

涵式的集约型增长转变，实现生产增长型向服务质量型转变，加快推进交通由传统产业向现代服务业转型的进程。努力做好“三个服务”，是交通工作全面落实科学发展观的本质要求，也是交通行业深入贯彻党的十七大精神的具体体现，也是实现交通事业又好又快发展的必由之路。广大交通干部职工特别是各级交通纪检监察人员要深入贯彻十七大精神，紧紧围绕做好“三个服务”，全面履行工作职责，为推进交通事业又好又快发展提供有力的政治保证。

**一是围绕服务国民经济和社会发展全局，加强监督检查。**服务国民经济和社会发展全局，这是交通工作的总任务。做好这个服务，就要按照中央的决策部署，根据经济社会发展和改革开放的要求，统筹规划，科学安排，强化管理，着力自主创新，抓好交通建设，调整运输结构，转变增长方式，强化行业管理，搞好运输保障。反腐倡廉建设要围绕中央提出的“落实科学发展观、建设社会主义新农村、构建社会主义和谐社会、加强党的执政能力建设和先进性建设”等一系列重大战略部署加强监督检查，确保政令畅通，维护中央的权威。要结合交通行业的实际和发展现状，切实加强对贯彻落实中央宏观调控政策的监督检查，坚决纠正盲目投资、贪大求洋，决策失误，搞劳民伤财的“形象工程”、“政绩工程”的行为；坚决纠正交通基础设施建设中浪费土地、岸线资源、破坏生态环境的行为。切实加强政府部门的效能监察，积极推进政府交通部门的职能转变，着力防止和纠正社会管理和公共服务中缺位、越位和不作为的行为，不断增强交通部门的行政执行力和公信力，营造良好的交通发展环境。

**二是围绕服务社会主义新农村建设，加强监督检查。**服务社会主义新农村建设，这是交通工作的重中之重。农村公路面广、量大、保通保畅任务繁重，做好这个服务，就要认真落实中央建设社会主义新农村的部署和要求，因地制宜地推进农村公路建设，解决好建养管运的问题，努力缩小城乡二元结构中的交通差距，为农民兄弟提供最基本的交通设施和服务，让农民兄弟享受到公平、公正的交通服务。反腐倡廉建设要围绕贯彻落实《农村公路建设管理办法》，加强对农村公路建设规划、设计、施工全过程的监督检查。针对农村公路点多分散、面广量大的特点，积极推行农村公路建设纪检监察巡查制。加大对农村公路建设资金审计监督力度。坚决纠正在农村公路建设中，弄虚作假，挤占、挪用农村公路建设资金以及违背中央支农惠农政策，向农民乱摊派、乱集资，出现“新的拖欠、新的债务”等加重农民负担的行为；坚决纠正以资金缺口为名，不落实中央农村公路及客运场站建设规划，不作为甚至乱作为的行为；加强对农村公路养护管理和运输的监督检查，积极推进农村管理养护体制改革,坚决纠正人浮于事、推诿扯皮,责任不落实的行为。坚决查处疏于质量管理,偷工减料,甚至贪污受贿,搞“豆腐渣”工程以及乱占耕地、乱取土石等坑农害农行为。

**三是围绕服务人民群众安全便捷出行,加强监督检查。**服务人民群众安全便捷出行,这是交通工作的根本要求。安全便捷出行是人民群众最关心、最直接、最现实的利益问题。做好这个服务,就是要实现好、维护好、发展好最广大人民的根本利益,始终保持同人民群众的血肉联系。反腐倡廉建设要围绕落实安全责任制,加强监督检查,严肃查处安全责任事故,着力构建水上、道路和基础设施建设全方位交通安全监管机制,提高事故预防、处理和人命救助能力;坚决查处降低标准改造农村渡口渡桥,降低抗灾能力和安全保障水平的行为;坚决纠正与民争利的行为,坚决纠正刁难车主、船主,乱收费、乱罚款以及吃拿卡要等不正之风。督促有关部门建立维护群众利益的相关制度,健全利益协调机制,畅通诉求表达渠道,切实努力营造路畅人和、风正气顺的交通环境,让人民群众真正享受到交通发展的成果。

## 加大预防工作力度,着力构建具有交通特色的惩治和预防腐败体系

党的十七大报告指出:“在坚决惩治腐败的同时,加强以完善惩治和预防腐败体系为重点的反腐倡廉建设,在坚决惩治腐败的同时,更加注重治本,更加注重预防,更加注重制度建设,拓展从源头上防治腐败工作领域。”这三个“更加”与“反腐倡廉建设”这个概念的提出,标志着我国党风廉政建设和反腐败斗争进入了新的历史阶段。报告还提出,以完善惩治和预防腐败体系为重点加强反腐倡廉建设,为我们纪检监察工作指明了方向。

从我们交通行业来看,交通事业持续健康快速发展、成果不断显现,为我们深入贯彻十七大精神,加大预防工作力度,奠定了坚实的物质基础、创造了良好的工作环境;行业文明建设不断深入、廉政典型不断涌现,为我们深入贯彻十七大精神,加大预防工作力度,营造了良好的社会氛围、积累了重要的工作经验;交通改革持续深入、廉政法规制度体系不断发展,为我们深入贯彻十七大精神,加大预防工作力度,创造了不竭的动力源泉、提供了重要的制度保证。总之,当前在交通行业加大预防腐败的工作力度,全面推进反腐倡廉建设,条件基本具备,时机也比较成熟。

因此,学习贯彻十七大精神,加强反腐倡廉建设,核心是以人为本,关键是注重预防,根本途径是深化改革,不断完善体制机制制度,彻底铲除滋生腐败的土壤和条件。我们一定要以贯彻十七大精神为契机,

始终坚持标本兼治、综合治理、惩防并举、注重预防的方针，坚持以改革为统揽，深化源头治理，以保持党同人民群众血肉联系为重点加强作风建设，以完善惩治和预防腐败体系为重点加强反腐倡廉建设，为践行“三个服务”，推动科学发展，促进社会和谐，提供坚强政治保证。

**一是以人为本，深入开展理想信念和廉洁从政教育。**教育是反腐倡廉的基础性工作，是党员干部拒腐防变的思想保证。要紧紧围绕社会主义核心价值体系建设，以领导干部为重点，以岗位廉政教育为核心，以正反典型教育相结合，加强理想信念教育、权力观教育和党纪国法教育，教育引导党员、干部特别是领导干部自觉加强道德修养，常修为政之德、常思贪欲之害、常怀律已之心，牢固树立马克思主义世界观、人生观、价值观和正确的权力观、利益观、地位观，模范遵守社会公德、职业道德、家庭美德，自觉抵御各种腐朽落后思想文化的侵蚀。把思想教育、纪律教育与社会公德、职业道德、家庭美德教育和法制教育结合起来，推进反腐倡廉教育规范化、制度化。坚持以廉政文化为引领，营造廉荣贪耻的良好氛围。充分利用宣传阵地宣传廉政文化，建立反腐倡廉教育基地推广廉政文化，大力开展廉政文艺活动颂扬廉政文化，编写廉政图书传播廉政文化，在全社会形成“以廉为荣、以贪为耻”的良好风尚。积极探索新办法，寻找新载体，努力提高反腐倡廉教育的针对性和有效性，形成拒腐防变教育的长效机制，筑牢党员干部特别是领导干部拒腐防变的思想道德防线。

**二是突出特色，继续深化基础设施建设领域的廉政工作。**基础设施建设领域的廉政工作是交通行业反腐倡廉工作的重点，也是特点和亮点。继续加强对工程建设项目的招标投标、设计变更、材料采购、资金拨付等重点环节的监督，严肃查处领导干部干预插手招投标等以权谋私的行为。继续开展治理工程转包和违法分包工作，努力从源头上解决转包和违法分包问题。继续做好治理交通建设领域商业贿赂专项工作，建立健全防治商业贿赂的长效机制。加大监督检查力度，狠抓制度落实，全面落实项目法人制、招标投标制、工程监理制、合同管理制、竣工决算审计等管理制度。加强对建设资金的监管，推进财务管理制度改革，积极推行会计委派制；严格企业资质的评审，完善评标办法，深化招投标制度改革，加快建设市场信用体系建设。积极推进设计施工总承包和政府投资项目代建制的试点工作；进一步推进监理制度改革，完善监理责任追究制；进一步完善公路经营权转让规定，规范转让程序，加强行业管理，强化监督检查，从源头上防治公路经营权转让中领导干部失职渎职、以权谋私造成国有资产流失的问题。积极培养树立典型，注重总结经验，完善激励机制，充分发挥廉政典型的示范作用。

**三是统筹兼顾，不断完善反腐倡廉的制度体系。**制度问题要带有根本性、全局性、稳定性和长期性。加强制度建设，推进反腐倡廉工作的规范化、制度化，是反腐倡廉的必由之路。要全面清理现行的制度，及时做好修订、废止和解释工作。要针对行政审批、招标投标、转包分包、设计变更、资金拨付、工程质量、征地拆迁、物资采购、权益流转等腐败问题易发多发的重点部位和环节，建立健全反腐倡廉的制度体系，努力形成用制度管权、按制度办事、靠制度管人的长效机制。要注重制度设计，从制度的合理性、稳定性、有效性等方面，着力提高制度的科学性，保证制定的各项法规制度行得通、做得到。要重视统筹协调，制度建设既要立足当前，又要着眼长远；既要吸取成功经验又要发展创新；既要制定专门的廉政制度，又要将廉政的要求体现到其他规范性文件或管理制度之中；既重视基本的法规制度又重视具体实施细则，既重视单项制度的建设又重视基本制度与具体制度、实体性制度与程序性制度的配套及与上位法的协调配合，使各项法规制度彼此衔接、环环相扣，真正发挥法规制度的整体合力，着力加强制度的系统性。要加强制度宣传，抓好学习教育，强化制度意识，抓好制度落实，加大对违反制度行为的责任追究力度，着力维护制度的权威性。

**四是深化改革，强化对权力运行的制约和监督。**从源头上防治腐败，核心是治理权力，铲除腐败现象赖以滋生的土壤和条件；关键是要建立健全科学有效的权力运行制约和监督的机制。要重视研究市场经济发展带来的新情况、新问题，注意研究市场机制所包含的公平、竞争、透明、诚信等特征，充分发挥市场机制所具有的廉政效应，不断提高反腐倡廉适应社会主义市场经济发展要求的能力和水平。着眼于保证权力科学配置、规范运行，针对干部选拔任用、经济活动、干部生活作风等腐败现象多发领域，运用市场机制，围绕权力运行中的决策、执行、监督、反馈等过程，完善公共权力的制约机制，规范权力运行。要充分发挥市场配置资源的基础性作用，围绕提高资源配置效率、强化行业管理、加强公共服务、增强行政效能、规范权益流转，进一步深化投融资体制、招标投标、行政审批和干部人事制度改革。要利用利益机制引导人们的价值取向，积极探索与权力运行相配套的激励机制，促进领导干部廉洁从政。要充分考虑和综合平衡社会各方面的利益诉求，以正确行使权力为重点，用改革的办法推进反腐倡廉制度建设，拓展从源头上防治腐败的工作领域，形成群众支持和参与反腐倡廉的有效机制；建立健全人民群众的利益诉求机制、利益协调机制和利益保障机制。逐步建立与交通改革发展相适应的信访处理新机制，充分发挥信访工作的基础性职能，畅通群众利益诉求渠道。积极推进干部人事制度改革，认真实施领导班子和领导干部综合考核评价办法，防止权力滥用。进一步深化交通行政执法体制改革，加快形成权责明确、行为规范、监督有效、反应快速的交通行政执法机制；整合交通行业执法资源，解决多头执法、分散管理等问题，逐步形成综合统一的交通执法体系。

**五是保持力度，严肃查处违纪违法案件。**查办违纪违法案件是纪检监察机关的一项重要职责，是贯彻反腐倡廉战略方针的重要体现，是反腐败斗争的主要突破口。我们强调注重预防，并不是忽视惩治。只有惩治有力，才能增强教育的说服力、制度的约束力、监督的威慑力和预防的推动力。因此要始终保持查办案件的高压态势，严肃查处违纪违法案件。要继续重点查办发生在领导机关和领导干部中滥用职权、贪污贿赂、腐化堕落、失职渎职等案件，查办官商勾结、权钱交易和严重损害群众利益的案件。以查处商业贿赂案件为重点，严肃查处基础设施建设领域搞虚假招标、违法分包、转包等案件。要进一步拓宽信访举报渠道，完善案件协调机制，健全案件查处机制，加强案件审理，搞好案件剖析，充分发挥查办案件的治本功能，以案说法，以案释纪，以案施教，促进预防腐败机制的完善。

纪检监察干部是推进党的建设新的伟大工程的重要力量，肩负着反腐倡廉的重要职责。要以学习贯彻十七大精神为契机，努力提高政治业务素质，增强做好“三个服务”的能力和水平，认真履行工作职责，监督广大党员干部抓好十七大精神的贯彻落实，为做好“三个服务”提供坚强的政治保证。

# 强化“五个抓手” 建立“六项格局” 落实“三个服务”

（交通部办公厅主任 杨 咏）

在2007年全国交通工作会议上，部党组更加明确、更加系统、更加科学地阐述了“三个服务”的内涵，明确了做好“三个服务”的要求，这是指导和推进交通事业在“十一五”乃至更长时期又好又快发展的重要原则。我们通过学习领会，体会到做好“三个服务”是一个“高难”动作，需要在思想观念、工作作风、方式方法等方面持之以恒地改进创新。我们要把做好“三个服务”作为办公厅工作的出发点和检验标准，提升理念、加强创新，增强能力、狠抓落实，转变作风、改进服务，力争使办公厅工作在发挥参谋助手作用等方面有更大更好的作为。

去年，办公厅在调研、督察、信访、信息、服务保障等方面的工作都取得了新进展。今年，我们要进一步拓宽视野，多方位、多角度地审视办公厅的大局意识和主动适应能力，审视办公厅的服务水平和综合协调能力，审视办公厅工作的改进空间和努力方向，进一步加强与机关司局和基层单位的联系和协作，强化“五个抓手”（即抓学习、抓结合、抓落实、抓创新、抓能力），建立“六项格局”（即大信访、大督察、大调研、大文书、大信息、大后勤六项工作格局），着力推进“三个服务”落到实处。

第一，抓学习。做好“三个服务”首先要抓好学习。学理论、学政策、学法律、学业务知识，把提高干部职工的思想政治素养和业务水平作为基础性工作，不断增强做好“三个服务”的内动力和本领。

第二，抓结合。做好“三个服务”要与各自的业务工作实际紧密结合，做好“结合”的文章。办公厅践行“三个服务”，就要把“三个服务”具体、细化并转化为具有办公厅特色的服务原则。服务部党组、服务司局、服务基层，这是办公厅近年来坚持的工作基点。办公厅的“三个服务”符合部党组提出的“三个服务”的要求，做好这“三个服务”，就是落实部党组提出的“三个服务”的具体化。

第三，抓落实。做好“三个服务”要实实在在落到行动上。办公厅抓落实，要积极探索建立“六项格局”，发挥好综合协调、参谋助手、督促检查、服务保障职能，提高办文、办事、办会的能力，推进“三个服务”

落到实处，推动交通重点落到实处。

一是把调查研究作为转变作风、研究解决问题、推动工作的重要切入点，加强组织与协调，形成“大调研”格局。围绕交通改革、发展和行业管理中的重大问题和热点、难点问题，选准题目，突出重点，深入基层开展调查研究，突出前瞻性、时效性、全局性、实用性。

二是加强与各司局的沟通协作，健全完善督察工作网络，形成“大督察”格局。抓好交通工作会议确定的 8 项重点工作任务的分解落实，强化目标管理，制定督办措施，实行每季度一次跟踪督察。加强对全国人大代表议案、建议和政协委员提案办复情况的督察。

三是建立政务公开考核制度和责任追究制度，进一步扩大政务公开领域。重点推进审批项目和审批程序公开。进一步创新政务公开载体，把推进政务公开工作与创新管理方式相结合，与推进依法决策相结合，与构建教育、制度、监督并重的惩治和预防腐败体系相结合。

第四，抓创新。一是加强信访工作创新，建立“大信访”格局。完善信访工作机制，强化责任主体意识，逐步形成各负其责、齐抓共管的信访工作格局，推进信访工作规范化、制度化和程序化。

二是充分依靠部机关、部属单位和系统的力量，进一步加强政务信息工作，建立“大信息”格局。加强重点时段、重点工作、重点问题的政务信息报送。把好政务信息质量关，促进信息共享，进一步增强信息沟通上下、交流内外、指导工作的重要平台功能。

三是建立“大文书”格局。规范公文处理，严格审核把关，控制发文数量，提高办文质量。进一步严格保密管理，落实保密责任和措施，确保不发生失泄密事故。

四是做好机关服务保障工作，推进机关节能降耗，建立“大后勤”格局。坚持厉行节约，及时查找和纠正存在的问题。加强政府采购工作，严格执行政府集中采购目录。严格机关财务管理，加强预算管理，合理安排收支，控制经费支出，做到勤俭办事。

第五，抓能力。做好“三个服务”，关键在干部队伍的能力和水平。我们要继续按照“突出重点、把握大局，加强学习、提高能力，团结协作、主动服务，讲求质量、干对干好”的要求，强化“五种意识”（政治意识、大局意识、责任意识、团队意识、效率意识），提高“五种能力”（调查研究能力、组织协调能力、依法行政能力、工作创新能力和文字综合能力），不断提高思想政治水平和政策水平，提高队伍的整体素质。同时，突出加强作风建设，努力做到打好基础，防止急功近利；脚踏实地，不心浮气躁；实实在在，不搞表面文章；提高效能，不拖延被动，把求实、务实、抓落实落到实处，推进“三个服务”的落实。

# 努力实践“三个服务” 切实做好体改法规工作

（原交通部体改法规司司长 朱永光）

贯彻好全国交通工作会议精神，就是要把“三个服务”落到实处，全面完成全国交通工作会议上提出的8项重点工作。交通部体改法规司要紧紧围绕调整交通结构、转变增长方式、注重推进创新、强化行业管理4个环节，树立“全面服务”和“优化服务”的创新工作理念、改进工作方法、转变工作作风，努力完成以下4项工作。

（一）以提高立法质量和执法水平为重点，进一步推进依法行政，为做好“三个服务”创造公正高效的法治环境。

一是进一步加快交通立法步伐和对交通行业立法工作的指导。抓好《船员条例》、《防治船舶污染海域管理条例》、《海上交通安全法》、《国内水路运输管理条例》、《航道法》的制定修订，组织好《公路保护条例》、《水域搜寻救助打捞条例》、《潜水条例》等条例起草工作，加快《收费公路管理条例》配套规章制定工作。认真实施《交通法规制定程序规定》，进一步规范和完善交通立法工作程序和机制。研究建立交通立法实施效果后评估制度，组织研究探索如何建立可信的、广泛的实施效果反馈机制与渠道。加强对地方交通立法工作的指导。

二是进一步规范交通行政执法行为。制定交通行政执法行为规范，印发并落实《交通行政执法责任制实施办法》，推出一批依法行政示范单位。

三是结合事业单位改革，逐步理顺管理体制，稳步推进交通综合行政执法改革试点。

四是加强行政复议工作。理顺部机关行政复议工作机制，加强对下级交通部门行政复议工作的指导，更好地发挥行政复议在解决行政争议、化解社会矛盾中的作用。

（二）以深入开展“学树创”活动为载体，推进行业精神文明建设工作，为做好“三个服务”提供精神动力。

一是要继续开展学习包起帆、许振超、陈刚毅、孔祥瑞、青岛港等先进个人和先进集体活动，发现、培养、树立新的先进典型，弘扬新时期交通行业精神。

二是开展多种形式的群众性创建活动，确保“学树创”活动扎实地实施，取得实实在在的成效。

三是加强交通文化建设，精心组织实施“五个一工程”，重点是抓好交通文化建设研究工作。

（三）以加强交通节能管理为切入点，推动资源节约型行业建设，为做好“三个服务”提高行业科学发展水平。

一是认真组织实施《交通行业全面贯彻落实〈国务院关于加强节能工作的决定〉指导意见》，抓紧编制《交通行业节能中长期规划》。

二是试行港口、船舶运输和道路运输企业能源消耗统计与分析制度，建立交通节能指标体系。

三是组织开展以营运车船及重点耗能设备能源消耗限值标准为主要内容的公路、水路节能标准制定（修订）工作。四是抓紧研究交通循环经济指标体系、交通节能管理标准规范以及用能考核指标体系，进一步规范交通行业建设项目的节能评估和审查工作。五是加强交通行业节能监测和技术服务工作。

（四）以建立新闻发言人制度为突破口，强化交通新闻宣传工作，为做好“三个服务”营造良好的交通舆论环境。

一是要创新新闻宣传的理念。从“宣传”向“新闻”转变，把政治价值变成新闻价值，把政府工作变为新闻工作的一部分，利用新闻来推动政策实施，利用新闻来进行说服工作。

二是牢牢把握正确的舆论导向。组织宣传好“三个服务”，使全社会知晓“三个服务”，从而更加关心、爱护、支持交通发展。

三是切实做好先进典型宣传，多侧面、多角度地展示交通行业优秀业绩、优秀品格和精神风貌。

四是切实做好热点问题的宣传引导工作。加强对社会舆情的调研分析，做好 2007 年春运、“五一”黄金周、“十一”黄金周、迎峰度夏重点物资运输等重要时段的宣传工作。

五是完善交通部新闻发言人制度。尽快推进新闻发布工作规范化、制度化和专业化，实行交通新闻定时、定点发布制度，及时向社会发布交通重大决策、重大活动信息，对突发交通事件和公众关注的焦点问题通报情况、阐明立场、正确引导、减少矛盾、消除误解。

# 唱响“三个服务”　走出发展新路

（交通部综合规划司司长　董学博）

2007年全国交通工作会议明确提出，做好“三个服务”是今后一段时期交通发展必须坚持的指导原则。做好“三个服务”是交通行业服务属性的必然要求，而服务与发展则是辩证统一的关系。发展是硬道理，没有完善的基础设施和足够的供给能力，就不可能提高交通行业的服务能力和服务水平，因此，必须抓住机遇，加快交通基础设施的建设。但是，发展本身不是目的，加快交通基础设施建设的根本目的仍然是要向全社会提供优质的服务，更好地满足日益增长的多样化交通需求。强调服务，并不意味着淡化发展的迫切性，而是要求集全行业之力，在新形势下，在新起点上，努力探索出做好“三个服务”的发展新路，对发展的要求更高，任务更为艰巨。

当前，最紧迫的任务就是要破解交通行业由传统产业向现代服务业转变、调整结构、转变增长方式、发展综合交通体系四大难题。这既需要理论上的研究，也需要实践中的探索。任务已经明确，思路急需创新，落实最为关键。今年交通工作会议已经确定了8个方面的重点工作，综合规划司要抓好以下几方面的工作：

## 一、服务经济与社会发展大局

继续加强规划工作。配合国家发改委做好《全国内河航道与港口布局规划》的上报审批工作，争取国务院尽快批准；颁布国家高速公路网路线命名编号方案；完成国家高速公路网路线规划；完善和整合现有区域公路、水路交通规划；完善西部大开发公路水路交通规划，提出到2020年的目标与建设重点；继续抓紧做好与周边国家交通合作规划工作，近期要做好中亚、东北亚规划，南亚方面要做好中印公路论证工作；组织开展国道网路线方案调整研究。

加强发展战略研究。重点研究交通行业如何由传统产业向现代服务业转变、如何调整交通结构、如何转变交通发展增长方式、如何完善综合交通体系，提出交通行业节能降耗指标体系，确定“十二五”交通发展面临的重大课题。

加快重点项目建设。继续加快沿海港口煤油矿箱大型码头建设，高度关注北粮南运格局变化及港口适应程度、铁矿石需求变化、化工品码头布局；推动老港区改造工作；加快长江黄金水道建设，重点建设长江口深水航道治理三期工程、南北港分汊口航道建设工程；启动长江口深水航道 12.5 米水深航道向上延伸前期工作，加快长江干线上中下游碍航水道整治；继续实施京杭运河、西江航道干线扩能工程；继续推进长江三角洲、珠江三角洲高等级航道网骨干航道建设；密切关注“五纵七横”国道主干线贯通路段建设进展情况；争取西部开发 8 条省际通道贯通路段今年内全部开工。

主动适应宏观调控要求。加强与财政部、国家发改委等有关部委的沟通、协调；抓紧建立项目储备，加快项目前期工作；加强项目后评价工作；完善部车购税投资政策，包括枢纽站场的投资政策；研究内河建设投融资政策。

以编制疏港高速公路规划和建设方案为切入点，积极推进综合交通体系建设。继续加强和完善统计工作，今年重点开展水上交通量调查，高速公路通道客货运量和交通量调查，港口普查试点等工作。

## 二、服务社会主义新农村建设

根据全国农村公路普查结果和中央 1 号文件目标，提出农村公路建设中央投资调整方案，提高农村公路投资比重。根据部党组确定的融资方案，提出资金安排方案，加强利用外资进行农村公路建设的研究，改进和完善农村公路计划管理模式，加强农村公路建设季度形象进度统计工作，研究农村公路网省际断头路的解决方案，继续推进农村客运站、渡改桥、红色旅游公路等建设。

## 三、服务人民群众安全便捷出行

继续做好行业信息化示范工程的推广工作。重点是抓好公众出行信息系统，在整合省级信息资源的基础上，立足综合交通，整合区域信息资源，尽快提出落实信息化规划的实施方案。

启动特大城市综合运输枢纽试点工作，重点是支持零距离换乘系统建设。

配合国家发改委做好《国家水上安全监管和救助系统布局规划》上报审批工作，争取国务院尽快批准。

加大对水上安全与救助装备设施建设的投资力度，重点安排大型救助船舶、直升机、交管系统和安全通信设施。

# 增强能力　突出重点　创新方式　提高水平

（交通部财务司司长　许如清）

2007年全国交通工作会议上，李盛霖部长系统阐述了“三个服务”的发展理念，这是我们今后一段时期做好交通财务工作的重要指导原则。现阶段交通发展面临的主要矛盾仍是资金总量不足，因此，“筹资、理财、服务”仍是今年交通财务工作的重点。我们将在增强服务能力、突出服务重点、创新服务方式、提高服务水平四个方面下工夫，为交通事业又好又快发展作出积极的努力。

在增强服务能力方面，重点做好四项工作：一是按照交通部颁发的《关于加强“十一五”交通财会人才队伍建设的指导意见》，注重加强交通财会队伍建设，组织实施“十百千万”交通财会人才工程，进一步提高人员素质。二是借鉴其他行业财务管理经验，组织召开铁道、交通、民航三部局财务管理问题交流研讨会，跳出行业看交通。三是组建交通财会专家咨询委员会，充分发挥财会专家在业务咨询和政策制定等方面的作用，增强交通财会决策的科学性和有效性。四是加大财政税收制度改革对交通影响的研究力度，积极争取有利于交通发展的财税政策。

在突出服务重点方面，突出做好五项工作：一是加强预算管理，促进预算管理的精细化、科学化、规范化，在预算的安排上，坚持“两个倾斜”，确保“四个重点”的资金需要；在预算的执行上，注重提高预算的执行率。二是加大对农村公路建设资金的投入，尽可能将车购税收入增加部分主要用于农村公路建设。三是加快《收费公路管理条例》配套规章建设，抓紧出台《公路经营权转让办法》及《车辆通行费收支管理办法》，组织开展对公路经营权转让的清理整顿工作，进一步规范公路经营权转让行为。四是积极争取财政的政策支持，建立海上搜救补偿机制。五是适应财政改革的要求，加强沟通和协调，并注意做好资金的调度工作，为行业的建设发展和机构的正常运转提供资金保障。

在创新服务方式方面，重点做好三项工作：一是积极搭建交通建设筹融资平台，积极推进车购税权益资产证券化融资方案的实施工作，为农村公路筹集更多的建设资金。二是印发《交通预算项目绩效评价管理办法》，扩大交通预算项目绩效评价范围，拟在省厅和部属单位各选择一个项目进行试点，推动绩效评价工作的开展。三是深化与审计署的共建合作机制，在对共建合作进行评估的基础上，进一步完善共建合作的方式和内容。

在提高服务水平方面，重点做好五项工作：一是以提高资产资金的整体使用效益为目的，组织开展行政事业单位的资产清查工作，建立资产与预算、财务管理相结合的工作机制。二是寓监管于服务之中，组织开展对重点建设项目和农村公路项目以及科研经费使用情况的财务检查工作。三是提高工作效率，加快交通财会信息化建设步伐，建立与地方交通部门、部属单位和重点联系企业的联网，加强对部属单位财务收支和资金使用的监督。四是做好将中央国库集中（包括港口建设费）支付改革扩大到所有基层预算单位的工作，积极推进部门集中采购试点工作，建立健全政府采购制度，规范政府采购行为。五是加强和完善交通财会人才库建设，调动行业财会人员服务交通的积极性，实现行业人才共享。

为完成好上述工作任务，我们将按照"树立正确理念、细化工作任务、改进工作方法、抓好队伍建设"的要求，抓好各项工作的落实。树立正确理念，就是深入理解"三个服务"的深刻内涵，准确把握交通发展的"四个环节"，注重强化"两个监管"，把"又好又快"融入到交通财务管理的各项工作之中。细化工作任务，就是紧紧围绕部党组的中心工作，进一步细化工作目标，做到责任落实到人，措施具体到位。改进工作方法，就是司领导重在把握方向、宏观指导、监督检查，处领导负责具体安排组织，经办同志负责具体落实；同时，注意深入开展调查研究，广泛听取意见，充分调动各方积极性，集中行业智慧，促进交通财会管理水平的进一步提高。抓好队伍建设，就是注重财务司自身的队伍建设，把政治学习与业务知识学习有机地结合起来，不断提升财务司的凝聚力和战斗力。

# 强化服务　勇于创新　规范管理

（交通部人事劳动司司长　何　捷）

在今年的全国交通工作会议上，李盛霖部长从理论和实践的层面深刻阐述了交通运输的本质属性，提出了“努力做好‘三个服务’，推进交通事业又好又快发展”的总要求，并着重在人才队伍建设和社团管理方面明确了今年的干部人事工作任务。

做好干部人事工作，就要把思想统一到全国交通工作会议精神上来，把“三个服务”的要求落实到干部人事工作中去。今年干部人事工作的总体思路是，以“三个代表”重要思想和党的十六届三中、四中、五中、六中全会精神为指导，以科学发展观为统领，以构建社会主义和谐社会为目标，紧紧围绕部党组确定的中心工作，强化服务，勇于创新，规范管理，改进作风，扎实工作，进一步加强公务员队伍、部属单位领导班子、高层次高技能人才队伍建设，创新体制机制，强化社团管理，为做好“三个服务”提供坚强有力的组织保障、人才支持和良好环境。

围绕这一总体思路，人事劳动司2007年要着重做好四个方面的工作。

一是加强公务员队伍建设，为做好“三个服务”打造坚强的指挥机关。实现交通又好又快发展，公务员队伍建设是关键。要加强和改进对机关公务员的考核和选拔，强化公务员平时考核和年度考核，切实发挥绩效考核对公务员的激励约束作用；进一步完善干部选拔任用方式，拓宽干部选拔视野，通过竞争上岗调整充实部机关司局级领导干部；在干部选拔中要把作风正不正、实不实作为考察的重要内容，真正把那些政治坚定、能力突出、作风过硬的干部选拔到领导岗位上来。要加强公务员队伍能力建设，认真落实加强机关公务员培训的各项任务，继续选派部机关干部到基层和重点工程挂职锻炼。

二是加强部属单位领导班子和领导干部队伍建设，为做好“三个服务”提供组织保障。实现交通又好又快发展，领导班子和领导干部队伍建设是重点。要选好配强领导班子和领导干部，研究制订部属单位领导班子建设规划；进一步完善对领导干部的考察方式和评价标准；

健全公开、公平、公正的干部选拔机制，加大推进竞争上岗、公开选拔和干部交流的力度，改善干部成长的条件和环境。切实加强领导干部队伍能力建设，重点抓好领导干部构建和谐交通能力和作风建设的培训，抓好部属单位正职后备干部的培养，安排优秀干部到机关挂职。

三是加强高层次高技能人才队伍建设，为做好“三个服务”提供人才和智力支持。实现交通又好又快发展，人才队伍建设是基础。要进一步加强对交通行业人才工作的指导，积极推进交通行业贯彻实施《交通公路、水路“十一五”人才工作规划》工作。继续实施人才工程，创新交通行业高层次高技能人才队伍建设的措施，积极推进高层次高技能人才信息管理系统研究开发立项工作，完善交通行业技术能手评选表彰；加强对船员特别是高级船员流失问题的专题研究，提出加强船员队伍建设的决策建议。

四是加强社团管理，充分发挥社团组织在做好“三个服务”中的作用。实现交通又好又快发展，社团组织是一支重要力量。在去年深入研究的基础上，制定出台并组织实施交通社团发展规划和部管社团管理办法，规范社团管理；加强部管社团主要负责人的培训工作，更新理念，提高业务能力，切实发挥社团组织的作用。

全面完成今年的干部人事工作，交通系统各级干部人事部门和广大人事干部，要深刻认识干部人事工作在做好“三个服务”、构建和谐交通中的地位和作用，切实增强责任感、使命感和紧迫感；在提高自身素质上下工夫、见成效，加强理论学习和业务培训，抓好实践锻炼，不断提高政治素质和工作能力；在强化服务上下工夫、见成效，认真贯彻胡锦涛总书记在中纪委第七次全体会议上的讲话精神，进一步改进作风，主动为交通中心工作服务，为交通系统各单位建设服务，为广大干部职工全面发展服务；在开拓创新上下工夫、见成效，发扬改革精神，增强创新意识，解决突出问题，着重抓好去年制定的各项创新措施的落实工作；在督促检查上下工夫、见成效，重点工作要实行目标管理，做到年度有计划，阶段有安排，确保全年任务的顺利完成。

# 立足科学发展 做好“三个服务”

(原交通部公路司司长 张剑飞)

2007年公路交通工作要把“更好地为公众服务”作为工作的核心，以能为人们提供什么水准的服务为衡量标准，坚持“公众第一、行者为本，尊重生命、安全至上，质量优先、好中求快，保护环境、节约资源”的工作理念，统筹安排好全年工作。

## 抓好两个重点，统筹城乡交通和区域交通协调发展

突出抓好重点公路项目建设。加快“五纵七横”国道主干线、国家高速公路网规划和西部开发8条省际通道建设，实现本届政府任期内基本建成国道主干线任务；继续实施公路安保、危桥改造、干线公路灾害防治和公铁立交安全整治“四项工程”；加强公路管理养护，出台公路桥梁管理养护工作制度，推广预防性养护技术。

重点加强农村公路工作。建立部省共建工作协调机制，做好技术薄弱地区的技术培训和技术指导工作，加强对地方渡口改造和渡改桥项目的指导，注意防止增加乡村债务和农民负担，加快农村公路建设步伐；加强农村公路建设管理养护体制改革，健全农村公路养护体制和机制，逐步实现有路必养；加快农村客运网络化建设，落实燃油补贴政策，推进路站运一体化进程；抓好“绿色通道”建设，扩大通道网络，统一通行费减免政策，规范通道标识设置。

## 突出提升两个服务，更好地为公众服务

大力提升道路运输服务水平。高度重视道路客货运输安全，细化道路运输“三关一监督”职责，继续推进驾驶员素质工程，加强道路危险货物运输安全管理，提高道路运输安全生产事故应急反应能力；培育公平竞争的道路运输市场环境，研究制订促进道路运输业发展的若干意见，推行道路客运班线经营权服务质量招投标制度；逐步实现监管手

段的科学化，建立全国道路运输信息系统；做好春运和黄金周道路旅客运输组织工作。

大力提升道路出行公共服务水平。通过电视和互联网，及时向社会发布路况、公路气象、通行状况等信息，全力以赴解决公路交通堵塞、恶劣天气下的交通保障、交通中断抢通保通、水毁灾后重建等问题，不断提高公路交通的应急处理能力，进一步方便公众出行。

## 加强行业两个创新，夯实基础，强化管理

注重制度创新。尽快出台《公路保护条例》，加快起草《收费公路管理条例》及《公路保护条例》配套规章，健全制度执行监督和后评价机制；加强公路勘察设计和建设市场管理，严厉查处转包和违法分包行为，完善招投标评标专家管理办法，规范劳务合同，保护农民工权益；努力理顺高速公路管理体制，加强收费公路管理，提出规范二级收费公路发展政策的意见；组织实施“国家高速公路联网不停车收费与服务系统”国家科技支撑项目；组织开展违规减免“特权车”、“人情车”车辆通行费专项清理整顿活动。

注重管理创新。开展好典型示范工程活动，推进公路建设市场信用体系建设；探索符合社会主义市场经济的公路建设模式，推进设计施工总承包和建设项目专业化管理试点工作。研究提出规范收费公路服务区建设指导意见，认真查处审计过程中发现的收费公路经营权非法转让行为；加快公路工程标准规范修订，推进治超检测站点规范化建设和信息管理系统建设，推进货运汽车及汽车列车推荐车型制度，研究加强超限超载运输源头监管的政策措施，建立健全车辆超限超载治理长效机制；加强养路费征收管理工作。

## 重视一个转变，体现全面发展和协调发展

在公路交通发展中更加重视增长方式转变，体现发展与资源和环境相协调，从追求发展的“数量”转向注重发展的“质量”，走质量效益型、资源节约型、环境友好型的可持续发展之路。在公路建设中落实最严格的耕地保护制度，做到规范用地、节约用地，努力降低造价，保护环境；提高工程质量和工程耐久性，落实好工期、信用体系、技术培训、市场规范、管理创新和标准规范制定修订 6 条措施，加强预防性养护和工程耐久性系统研究，在质量优先的前提下做到好中求快；注重依靠科技进步发展循环经济，研究应用工业

固体废料作为公路筑路材料，开展废弃路面回收再利用研究，提升运输组织管理水平，调整运输结构，提高运输效率，自觉节能降耗，加快淘汰高耗能的老旧运输装备，推广应用子午线轮胎和轻体货箱等先进的新技术、新产品。

# 立足“三个服务” 推动水运事业又好又快发展

（交通部水运司司长 宋德星）

2007年全国交通工作会议上，部党组深入分析了交通运输业是重要的基础产业并具有明显的服务属性，明确要求交通行业做好“三个服务”，实现交通运输由传统产业向现代服务业的转变。经过多年的快速发展，我国已经逐步成为对世界海运业具有影响力的港口大国和海运大国，但以做好“三个服务”的要求审视水运发展现状，我国海运与世界海运强国相比还有较大的差距。从国际海运市场看，我国虽已是海运大国，但国际竞争力还不够，对国家经济安全的保障能力还有待提高；从港口发展看，港口大国的地位日益巩固，服务经济贸易的能力越来越强，但港口增值服务和现代物流服务水平不高；从内河水运看，内河水运的优势还没有得到充分发挥。

水运业服务水平和服务能力的提高，依赖于水运生产力水平的整体提高，包括劳动者技能、劳动工具科技水平、水运资源利用程度、市场融资能力、市场管理制度、行业文化等影响水运生产力发展的重大因素。从水资源利用来看，水资源涉及众多利益主体，在部门协调、区域协调方面还有很多工作要做；从行业的融资能力来看，行业的资金投入结构性矛盾还较为突出，社会投资沿海港口的积极性较高，而内河水运发展资金短缺。面对机遇和挑战，我们要以创新的精神，以海运、内河水运和港口发展为重点，努力做好“三个服务”。

一是加快海运发展，提高海运服务我国国民经济、对外贸易和国家经济安全的能力。扶持重点国有航运企业发展，发挥国有船队的主导作用；支持国有船队与能源、材料等大型货主企业合作联营，提高国轮承运国货的比例；研究出台包括沿海运输权在内支持国轮船队发展的有关政策，提高国际竞争力；鼓励五星红旗船队建设，改善国际船舶运力和结构，提高水运行业保障国家经济安全的能力。

二是加快内河水运发展，充分发挥内河水运在带动沿江产业布局，促进区域协调发展以及资源节约型、环境友好型社会建设中的积极作用。推进建立中央与地方、政府与企业间的合作机制，合力发展内河水运；采取多种形式筹集资金，拓宽内河水运发展资金来源渠道；加快以通江达海为重点的内河航道建设，建立具有运输优势的干支联动航道网；推进内河运力结构调整，促进船舶向大型化、系列化、标准化和现代化方向发展；加快内河水运结构调整，推进内河水运的集约化发展。

三是加快港口发展，充分发挥港口在服务国民经济、区域经济和城市发展中不可替代的作用。坚持适度超前，重点建设进港深水航道和大型化、专业化码头泊位；促进国际航运中心和物流中心建设；建立完善的港口建设资金政策，为港口公用基础设施和支持保障系统建设提供稳定的资金来源；鼓励港航之间、港口之间联合经营，实现优势互补；积极参加电子口岸建设，加快水运信息化建设，打造现代化港口。

做好推进水运业向集约型、质量效益型方向发展的工作，立足政府职能转变，由依靠行政干预推动向更大程度发挥市场配置资源基础性作用转变；立足深化改革，进一步解放生产力；立足行业创新，由主要依靠增加资源投入带动向主要依靠提高资源使用效率带动转变。就政府层面讲，做好"三个服务"，就要实现"三个转变"。

一是积极转变政府职能。进一步强化研究制定政策法规的职能；增强水运建设资金筹措渠道，加强内河航道、港口公共基础设施建设；研究指导地方水路交通一体化行政管理体制改革；加强重点物资运输组织协调；加强水运市场和港口安全监管。

二是切实转变工作作风。要坚持一切从实际出发，深入调研、求真务实；健全以"三重一大"为重点的议事规则，完善科学民主决策机制；继续坚持政务公开，简化办事程序；坚持教育、制度和监督并重。

三是主动转变管理方式。坚持以市场为主导，用政策来促进行业，用法规来规范行业，用信息来引导行业；通过加强电子政务建设，减少和规范行政审批；逐步完善全国水运行业分级管理制度，明晰事权，提高决策和执行效率。

# 贯彻落实"三个服务"　推进交通科教工作再上新台阶

（交通部科技教育司司长　孙国庆）

"三个服务"的重要理念，是交通部党组准确把握世界经济和交通的发展规律，深入总结交通改革发展的实践经验，对交通长远发展的战略思考。具体到交通科技领域，就是要充分发挥现代科学技术的引领作用。通过科技创新，优化产业结构，实现交通运输由要素驱动向创新驱动的转变，走以创新促发展的科学发展之路；依靠科技进步，转变增长方式，实现由粗放型增长向集约型增长的转变，走资源节约、环境友好的发展之路；强化科技支撑，提高发展质量，实现以增量为导向到以服务质量为导向的转变，走质量效益型发展之路；运用科技手段，增强服务能力，实现从被动适应向主动服务的转变，建设服务型政府，做好"三个服务"，走现代服务业发展之路。2007 年交通科教工作将重点抓好以下几个方面。

一是组织开展资源节约型、环境友好型交通发展模式研究。通过研究，提出资源节约型、环境友好型交通发展的新模式以及相应的行业政策，推进在节能、节地、节岸线、节材以及防污减排等专项行动计划的实施，在节约资源和保护环境方面取得阶段性成果。

二是组织开展交通由传统产业向现代服务业转型研究。交通运输是基础性产业，不但能够支撑经济发展，而且还具有引导生产力布局、沟通城乡发展、保障国防安全等功能，体现出了很强的先导性。特别是随着经济全球化深入发展，资源在全球范围内进行配置，交通运输的服务功能更加突出，已成为连接全球的服务网络。交通运输的服务功能，体现在生产性服务上，能为社会生产和流通的各个环节服务；在消费性服务上，能为社会公众安全、便捷、个性化的出行服务；在公共性服务上，能为促进就业、减少贫困、改善民生服务。我们将认真开展该项研究工作，为 2008 年交通工作会全面部署交通产业转型提供理论支持，并在研究的基础上，形成有关文件，指导今后一个时期交通的发展。

三是推进交通行业重点实验室建设。建设交通行业重点实验室是推进交通科技创新体系建设的主要切入点。去年，我们印发了《"十一五”交通行业重点实验室认定指南》，在交通企业、科研院所和高等院校新认定了5个行业重点实验室。今年，我们将开展“十一五”第二批交通行业重点实验室的认定。在重点实验室的建设过程中，我们坚持把握好重点研发方向，充分利用全社会、全行业科技资源支撑交通发展。

四是加强重大科研项目的组织。《国家中长期科学和技术发展规划纲要》将交通运输业纳入国民经济和社会发展的11个重点领域之一，国家“863计划”也在实施20年来，首次将现代交通技术列为单独领域开展研究。《公路水路交通“十一五”科技发展规划》确定的5个重大专项有4项内容纳入国家科技发展规划，获得国家科技经费支持约1.5亿元，这是有史以来国家对交通科技支持力度最大的一次。今年，我们将做好有关重大科技项目的研发组织工作，并力争取得阶段性成果。

五是强化西部交通建设科技项目的推广应用。“十五”期间安排的西部科技项目，取得了一大批实用性较强的成果，有近百项成果纳入到相关工程技术规范，取得直接经济效益达290多亿元，项目投入产出比达到1∶19.1。今年，我们将通过科研项目后评估、公路科技示范工程等一系列措施，强化西部项目成果推广应用，同时，启动材料节约与循环利用专项行动计划。

六是大力推进交通电子政务，加快行业信息化建设。继续加强交通信息资源的开发利用及行业管理信息系统的建设，加快信息化标准建设，组织实施部信息化二期工程，大力推进电子政务。

七是推进交通教育与培训工作。去年，我们共举办部办干部班50余期，培训3 000人，为西部地区培训管理干部和专业技术人员14 000余人，建设示范院校和实训基地，推动交通职业教育教学改革与发展。今年，我们将加快交通人力资源支持保障体系建设，搭建更加完善的交通管理干部培训、专业技术人才培养和技能人才培养平台，研究制定航海教育发展政策，加速培养交通创新人才和紧缺人才。

# 把握两个大局　突出“三个服务”　深化对外合作

（交通部国际合作司司长　局成志）

当前，交通部国际合作司要牢牢抓住重要战略机遇期，把握好国内国际两个大局，以维护国家主权、安全、发展利益为出发点，以“三个服务”为指导，不断改进工作作风和工作方法，提高全司人员的服务能力和水平。用新理念、新思路、新举措解决发展中存在的问题，力求取得新进展。

一是站在国家发展的战略高度，长远规划、分步实施区域交通的重点合作项目。交通部在中国－东盟（10＋1）、上海合作组织和大湄公河次区域的交通合作已被列为国家周边外交重点合作领域。为落实国家领导人的倡议，拟在交通部周边合作规划研究的基础上，举办中国－东盟和上海合作组织成员国交通发展战略研讨会，推动中国－东盟长期稳定合作。同时，加快协商并完成签署上海合作组织成员国国际道路运输便利化协定和大湄公河次区域运输便利化协定的相关附件工作，进一步推动与相关国家的公路运输通道和国际航运通道的建设以实现上述目标。争取将澜沧江－湄公河合作纳入大湄公河次区域合作机制，进一步推动多国航运合作的开展。积极参与亚洲公路网、欧亚公路运输通道连接系统的多边合作，推动我国与欧亚国际道路运输合作及运输便利化的发展。继续深化与马六甲沿岸三国的多边、双边合作，保障我国海上运输通道的安全畅通。

二是进一步加大与主要大国和发达国家交通合作的力度。尽快签署《中国欧盟交通合作谅解备忘录》，完善与欧盟的多边合作机制，利用其多边、双边的多种资源实现多边、双边的良性互动，深化我国与欧盟国家的交通合作。抓住中美交通合作取得新进展的有利时机，选择合适项目推动中美间交通合作，在合作中逐步解决中美海运等方面存在的分歧。积极利用中俄两国良好的国家关系和地缘优势，积极探讨在公路跨境、过境运输和中俄界河航运的互利合作，促进国家西部开发战略和振兴东北老工业基地战略的实施。今年要从具体合作项目入手，积极推动落实中日韩海上运输及物流部长会议确定的行动计划，进一步促进三国海上贸易的发展。

三是坚持互利共赢、合作发展，进一步加强与发展中国家的合作，实施“走出去”战略。近几年的实践说明，交通主管部门推动交通企业“走出去”可大有作为，今后要多利用中国－东盟、上海合作组织、中非论坛等多边合作机制和双边合作机制，积极配合国家的总体经济外交，为企业开拓海外市场承揽公路、桥梁、港口等大型的交通基础设施项目，为促进海运、船检等领域的国际合作做进一步的推动工作。今年要重点推动马来西亚槟城二桥、土耳其博斯普鲁斯海峡三桥等大型交通建设项目“走出去”。

四是在多边国际合作中继续加大我国参与力度，增强我国作用和影响力，维护我国利益。根据交通部批准下发的《关于进一步加大参与国际海事组织事务力度的若干意见》，进一步完善 IMO 工作机制，抓紧协商拟定《国际海事组织事务工作机制》和《参加国际海事组织会议的工作程序和相关要求》。进一步完善内部协调、管理机制，发挥交通部系统的整体优势，整合资源、形成合力，提高整体的参与水平。组织专家加强对重点和热点问题的基础研究工作，为我国提出更多的提案提供技术支撑，切实增强我国在国际规则制定和修改中的话语权和影响力，切实维护我国主权和发展利益。为我国交通行业的可持续发展创造良好的外部环境。同时，为我国从海运大国向海运强国发展创造条件。

五是加快加入国际便利化运输公约工作的进程。我国已加入亚洲公路网，国内道路基础设施发展取得了举世瞩目的成就，但随着我国与周边国家交通合作的深入，我国在开展国际便利运输方面的管理体制、法制建设上相对滞后。根据今后的发展趋势，我国国际公路运输的区域更加扩大，迫切需要研究并加入相关的国际便利运输公约，进一步促进我国开展国际过境公路运输，促进我国中西部地区经贸发展。

# 发挥公安职能作用<br>为水运经济又好又快发展作贡献

（交通部公安局局长　张玉胜）

李盛霖部长在今年全国交通工作会议上提出，要努力做好“三个服务”，推进交通事业又好又快发展。这既是在交通发展进入关键时期交通部党组审时度势作出的重大决策，也是对新时期交通公安工作提出的新要求。各级交通公安机关要在今年和今后一个时期的工作中认真学习领会，坚决贯彻执行。

2006 年，交通公安机关紧紧围绕水运经济建设发展，以提高防控能力为主线，以打击物流犯罪为重点，狠抓基层基础建设和队伍正规化建设，各项工作都取得了新的进步。2007 年是我国全面落实科学发展观、加快构建和谐社会的重要一年，也是交通系统大力推进“三个服务”、实现交通事业又好又快发展的起步之年。交通公安机关要深入贯彻落实全国交通工作会议和全国公安机关电视电话会议精神，以服务理念贯穿交通公安工作，以平安建设统领交通公安工作，以打牢基础推动交通公安工作，以务实作风改进交通公安工作，继续为水运经济的又好又快发展创造良好的治安和安全环境。

第一，深入推进服务型公安机关建设，在增强服务意识上狠下工夫。要在前几年开展服务型公安机关创建活动的基础上不断赋予新的内涵，让服务理念深入每一个民警。要深刻认识交通公安的一个突出特点（最直接为经济建设服务），两个显著特性（行业性、专业性），紧密贴近水运生产实际，紧密贴近涉港、涉水单位和人员需要，在治安、交通、消防等公安行政管理方面推出切实有效、便民利民的服务举措。要准确把握管理与服务的结合点、切入点，在服务中强化管理，在管理中体现服务，努力实现管理与服务的有机统一。

第二，深入推进平安交通建设，在提升服务能力上狠下工夫。一是以党的十七大安全保卫工作为重点，及时疏导化解各类不和谐因素，妥善处置各类群体性事件，全力维护港航政治稳定；二是加强对水运物流领域犯罪的调研工作，及时总结分析辖区水运物流犯罪工作的规律、特点，主动开展有针对性的打击、防范工作；三是结合履行 SOLAS 公约海上保安修正案和 ISPS 规则，大力推进港航治安防控体系建设，构筑严密的港航治安防控网络；四是做好重点物资、高峰时段和关键区域的安全保卫工作，全力保障港航运输安全畅通；五是积极推进联合执法工作，探索建立制度化、规范化的执法模式，形成水上安全监管的合力。

第三，深入推进基层基础建设，在创新服务措施上狠下工夫。一是要加快推进交通公安信息化建设和应用，紧紧围绕基础信息化和信息基础化的要求，推动交通公安基层基础工作由传统向现代转变，由静态向动态转变，由封闭向开放转变，由单一向多维转变，提升交通公安工作的整体效能；二是要积极推动基层警务机制改革，实施港区警务和水上警务，将警力最大限度部署在辖区的码头、库场、重点要害部位以及水域和船舶，增强在开放、多元、调整、变革社会条件下驾驭港航治安局势的能力；三是要进一步加强基层所队的正规化建设，通过加强基层所队领导班子建设，建立健全所队执法执勤工作规范，开展履行岗位职责需要的基本功训练，将基层所队建设成坚强的战斗实体。

第四，深入推进作风建设，在提高服务水平上狠下工夫。2007 年，交通公安机关要按照“力量往基层使，工作往实里干”的总要求，切实把领导精力和注意力倾注在基层，扎扎实实把各项服务措施落到实处。要在交通公安系统提倡“三实”，一是领导作风务实，二是工作方法求实，三是部署措施落实。坚定不移地按照“三个服务”的要求，紧紧围绕水运经济又好又快发展大局，狠抓各项公安业务工作，做到部署到位、检查到位、落实到位，努力将交通公安机关建设成服务型、创新型、求实型的公安机关。

# 把守水上安全最后一道防线
# 在海上搜救中体现“三个服务”

(中国海上搜救中心常务副主任　刘功臣)

“三个服务”是交通部门对社会的庄严承诺。海上搜救工作作为保障海上人命、财产和环境安全的最后一道防线,直接体现了“三个服务”的核心内涵。第一,海上搜救工作为我国海上经济和海上运输贸易提供安全保障;第二,海上搜救工作的重点是服务渔船、农用船舶和农用物资的输送,为新农村建设提供保障服务;第三,海上搜救工作的核心是人命救助,为人民安全便捷出行提供保障。

为做好海上搜救工作,更好地在海上搜救工作中体现“三个服务”,2007 年中国海上搜救中心将坚持“以人为本、求真务实、团结协作、强化管理、科学创新”,发扬“险情就是命令、时间就是生命、团结就是力量”的搜救精神,主要做好以下工作。

一是完善国家海上搜救应急预案体系,制定《交通部防台风工作预案》和《应急反应程序》,编写《中国海上搜救手册》、《行政首长海上搜救应急指挥手册》和《海上搜救协调员手册》,切实提高《国家海上搜救应急预案》的可操作性;指导地方海上搜救机构制定相对应的分预案,形成“横向到边、纵向到底”的应急预案体系。

二是在国家海上搜救部际联席会议制度的框架下,继续加强与各个部委和军队有关部门之间的协调、沟通与合作,有效地整合海上搜救资源,形成合力,提高共同应对海上突发险情的处置能力。建立、健全和完善各部门间的协作制度和联动机制,确保在应急指挥时,可以就近快速调动各种搜救资源,增强整体协同和快速反应能力。

三是按照“十一五”交通应急体系建设规划的要求,重点建设以海上搜救为主体的交通应急管理信息平台,实现与国务院应急管理信息平台和各部门应急指挥平台间的互通、共享,为海上搜救的部门联动提供保障。

四是完善灾害性天气预防预警的通报和发布工作;通过电视、互联网等媒体普及灾害性天气的预防、避险、自救、互救等知识，提高海上从业人员应对因灾害性天气造成的海上突发事件的综合应对能力。

五是建立国家海上搜救力量资源库，科学合理地掌握、调配各方搜救资源；加快海上搜救青年志愿者队伍的建设，充分发挥社会力量的作用，实现“专群结合、军地结合”的海上搜救体系，形成以专业救援队伍为主，全民动员、全社会支持和参与海上搜救的良好局面；起草《海上搜救补偿和奖励专项资金管理办法》，促进海上搜救补偿基金的建立，通过奖励补偿，最大限度地维护参与海上搜救工作的社会力量的权益。

六是进一步推进海上搜救专业技术人才培养平台的建设，加强搜救协调员基础知识、专业理论和技术等方面的培训，提高搜救协调员应对海上险情的综合协调、组织和指挥能力。

七是继续在全国水域举办不同形式、不同规模的海上搜救演习，通过演习提高我国海、空搜救力量联合应对海上突发险情的协调与配合能力，同时检验应急反应程序的实用性和可操作性。今年，我们将重点配合有关部门在长江三峡库区开展搜救演习，推进长江干线巡航搜救一体化建设，提高救援队伍的实战能力。

八是进一步研究与我国海上搜救和船舶污染应急处置相关的法律、法规，尽快颁布《国家海上搜救条例》，指导地方海上搜救立法工作，加快海上搜救立法建设步伐。

九是继续推进“两岸三地”及与周边国家在海上搜救领域的交流与合作，形成信息、资源共享的国际海上搜救合作机制。按照我国的外交方针和相关国际公约的要求，今年我们将完成与越南、韩国的搜救协定的签署工作。

# 以作风建设为重点　努力提高党建水平

（交通部直属机关党委常务副书记　贺建华）

交通部直属机关作为行业的首脑机关、指挥机关，要做到学习领会、宣传贯彻、推动落实“三个服务”走在前。为此，今年直属机关党建工作将以开展加强作风建设主题实践活动为主线，全面开展党建工作，进一步强化党员干部科学发展、执政为民、服务、法治的意识，提高执政能力，提高各级党组织的凝聚力和战斗力，努力建设一流的队伍，培育一流的作风，创建一流的窗口，争创一流的业绩，以实际行动为全行业作表率。在工作中要做到“四个着力”。

一是以建设学习型机关为目标，着力提高党员队伍素质，为做好“三个服务”提供思想保障。切实加强理论武装工作，深入组织党员干部学习贯彻十六届六中全会精神，与学习“三个代表”重要思想、《江泽民文选》和党的十六大以来党中央提出的一系列重大战略思想和部署结合起来，深入理解、准确把握精神实质，增强贯彻落实党的基本理论的自觉性和坚定性。要通过学习，进一步明确“三个服务”是对交通实践经验的总结，更是对交通工作全面落实科学发展观本质要求的新认识，统一思想，提高落实“三个服务”的自觉性和主动性。十七大召开后，要迅速掀起学习、宣传、贯彻十七大精神的热潮，把党员的思想统一到十七大精神上来。

二是以开展主题实践活动为载体，着力培育一流作风，促进机关在“三个转变”上有明显变化。认真贯彻落实中央纪委第七次全会精神和胡锦涛总书记的讲话精神，加强作风建设和廉政建设。一是落实部党组开展“创建文明机关，争做人民满意公务员”活动的要求，重点在部机关开展“建设服务型机关，努力做好‘三个服务’”的主题实践活动。我们将认真推动这项活动的开展。通过主题实践活动，推动部机关在实现“三个转变”上取得新成效。二是在京各单位要结合开展“学树创”活动，将思想统一到“三个服务”上来，充分发挥本单位优势，更好地为部的中心工作、行业、社会服务。三是继续抓好教育、制度和监督，重点加强对权力运行的监督，加强对重点部门、岗位、环节的监督，推动党员领导干部严格遵守部党组提出的“四个不准”和部机关公务员严格遵守“六不准”的规定。加强廉政文化建设，营造“以廉为荣，以贪为耻”的新风正风，努力争取部机关处以上党员干部队伍不出违纪违法重大案件。

三是以拓展党员先进性教育成果为重点，着力推进长效机制建设，进一步提高党组织落实“三个服务”的能力。继续组织学习贯彻党章和中央保持共产党员先进性长效机制文件，学习党内规章制度，加强对党员的教育和管理。进一步健全制度，狠抓落实，促进党建工作的科学化、制度化、规范化。按照上级的要求，直属机关党委将对各单位贯彻4个长效机制文件的情况进行检查。做好“两优一先”评选表彰工作，大力宣传“两优一先”先进事迹和经验，发挥引领、示范作用。加强党务干部队伍建设，组织好党委书记、党支部书记培训班，增强做好党建工作的意识和能力。

四是以加强文化建设为抓手，着力构建和谐机关，为交通发展、十七大的胜利召开营造良好的环境。广泛宣传十六大以来交通发展取得的辉煌成就，宣传党建工作取得的新成果，宣传先进党组织和优秀党员的事迹，努力形成迎接十七大召开的浓厚氛围。落实加强文化建设的要求，完成加强文化建设子课题。结合纪念中国人民解放军建军80周年和香港回归10周年开展系列活动，加强爱国主义教育。结合迎奥运，开展群众性健身活动。认真落实稳定工作责任制，做好同“法轮功”等邪教组织斗争的各项工作，维护直属机关的稳定。积极支持工青妇组织多做维护核心、围绕中心、凝聚人心的工作，扩大工作覆盖面，增强活动的文化内涵和吸引力，让广大职工在参与中提高素质。

# 进一步发挥内部审计作用 为实现交通又好又快发展服务

（交通部审计办公室主任　樊启华）

在今年的全国交通工作会议上，李盛霖部长的重要讲话对做好“三个服务”作了深刻的阐述，并对2007年交通内部审计工作提出了明确要求。在新的一年里，我们要认真按照李盛霖部长的讲话精神，紧密围绕做好“三个服务”，在以下四个方面抓落实、抓成效。

第一，转变思想观念，理清工作思路，体现一个“新”字。一要继续牢固树立“三个坚持、三个服务、三个负责”的思想。这是“十一五”交通内审的重要指导思想，强调要重在服务、主动服务和优质服务，寓服务于监督之中。二要牢固树立“人、法、技”协调发展的思想。“人、法、技”三者共同构成审计基础建设的有机整体，三者协调发展是提高内审工作水平的根本保障。这三方面的工作都需要认真对待，切实抓好。三要牢固树立由传统审计向现代审计转变的思想。要适应形势发展的需要，探索适应交通特点的交通内审模式，积极采用新理念、新思路、新方法、新手段，不断拓展工作领域，不断改进审计方式，不断强化审计手段，使交通内审向更高领域、更高层次发展。

第二，搞好统筹兼顾，把握工作重点，立足一个“实”字。一要结合本单位工作实际，把工作重点放在重点领域、重点部门、重点资金、重点项目和重点环节上，积极主动做好有关工作。二要贯彻国家审计的有关精神，继续坚持以真实性为基础、全面推进效益审计，坚持财政财务收支的真实合法审计与效益审计并重，坚持审计与专项审计调查并重，使内审与国家审计相匹配。三要围绕行业的中心工作任务抓好重点工作的落实。强化资金监督管理；深化经济责任审计；积极开展经济效益审计；继续搞好财务收支审计。在开展以上审计工作时，注意搞好与管理审计、风险审计的结合，讲求实效，不走过场，不留死角，切实发挥好内审防弊纠错的预防作用。

第三，改进工作方法，强化审计监管，突出一个“创”字。一要切实改进审计方式，在讲求时效上下工夫。组织方式要灵活。积极采取交叉审计、联合审计和委托审计等方式，最大限度地发挥内部审计资源的作用。工作方法要合理。针对审计重点，多组织开展日常检查、年度审计和期中审计，做到防患于未然。审计管理要强化。上级审计机构要加强对所属单位的管理，及时做好指导、督促、检查和协调工作。审计调查要搞好。结合实际选准项目，认真组织实施，发挥好审计调查针对性强、操作灵活、成本较低、易见成效等优势。二要高度重视审计质量，在精细管理上下工夫。建立审计质量控制体系，完善审计质量责任制，规范审计质量考核评价办法。树立风险意识，主动防范和化解风险。内审工作要精细化，要把审计过程中每一环节的工作做到位。三要高度重视制度建设，在制度创新上下工夫。建立健全行业和单位内部的内审制度，探索建立业务、财务、审计、纪检、监察等部门协调配合的监管联动机制和利用外部监督力量强化交通资金监管的途径和方法，积极创建好的工作制度和做法。四要强化审计手段，在科技创新上下工夫。切实做好审计信息化运用的组织、交流、指导和协调工作。

第四，加强队伍建设，提高人员素质，坚持一个"严"字。从严治理审计队伍，对审计人员要严格要求、严格管理，加强审计人员的政治理论和政策法规以及经济、科技、社会管理、法律等知识的学习，不断提高他们的思想觉悟、政策理论水平和业务能力。加强对审计人员的反腐倡廉教育，积极开展文明审计活动，广大审计人员要自觉遵守职业道德规范，严格执行审计纪律，规范从业行为，做到公正执法、廉洁执法，树立勤政廉政的良好形象。进一步加强审计队伍人才建设，优化审计人员结构，把好审计人员入口关。鼓励和支持审计人员搞好岗位自学、专业学历教育和继续教育，做好审计人员的交流、轮岗工作，为审计人员创造良好的学习锻炼环境。

# 认真实践“三个服务”<br>努力做好质量监督和安全生产监管工作

（交通部基本建设质量监督总站站长　李彦武）

抓好工程质量和安全工作是做好“三个服务”重要基础工作之一。就交通部质监总站而言，2007年将重点围绕“五纵七横”国道主干线、上海洋山港等大型项目以及涉及新农村建设的农村公路项目，深入开展质量监督和安全生产监管两方面工作，为实现“三个服务”做好基础工作。

## 第一，质量监督的基本思路是抓关键，抓基础，抓过程，抓示范

抓关键就是要抓好特大桥梁、长大隧道和沿海大型港口工程的监督管理，确保不发生质量事故。抓基础就是抓法规制度建设、主要工程材料和交通产品的质量以及检测数据的真实性。抓过程就是要抓好精细化管理，促进工程内在与外在质量同步提高。抓示范就是要总结推广典型经验，抓好质量通病治理，全面提升工程质量。

一是完善督察程序，继续加强项目督察。总站将进一步加大实体工程督察力度，掌握全国重点项目质量动态。重点督察“五纵七横”在建项目以及部下达计划和国家核准的项目，并继续关注苏通大桥、杭州湾大桥、厦门翔安海底隧道、湖北沪蓉西高速公路、洋山港等工程。各省质监站重点监督好本省重点项目。

二是探索促进督察效果的新途径。完善督察办法及评价体系，将督察的项目打分排序，形成激励与鞭策机制。推行差别化管理，重点抓好社会公益性项目的监督；对发生过重大质量事故的参建企业增加检查频率、加大督察力度，对质量业绩优异、信誉好的参建企业减少督察频次。

三是树立样板工程。通过典型示范工程和召开现场经验交流会的方式，引导行业向品牌和示范项目看齐。今年总站要重点抓好一至两

个治理质量通病的内河示范项目。每个省也将创建一个质量管理典型项目或治理质量通病的示范项目。

四是做好试验检测管理工作。继续组织好检测人员考试，提高队伍素质；做好检测企业等级评定，培养和规范检测市场；研究制定试验检测专项整治方案，重点开展检测数据治理活动。发现出具假数据、假报告的，坚决严肃处理，限制其进入交通建设领域直至取消资质。

五是加强对农村公路质量监督工作的指导。结合部重点项目督察，同时抽查部分农村公路项目。联合部有关司局拟定农村公路质量监督指导意见，指导各地完善监督方法和监督模式，引导地市质监站和县级交通主管部门抓好农村公路质量监督工作。

六是加强质监队伍建设。开展“学树创”活动，组织监督经验交流和技术培训，进一步提高监督队伍的政治素质和业务能力，保证质监工作水平。

### 第二，安全生产监管的基本思路是打基础、抓关键、早预防

打基础，就是要完善法律法规制度，加快行业安全标准、规程的修订工作；抓关键，就是要抓好高墩、大跨桥梁和长大隧道及水上作业的安全监管；早预防，就是抓好预防体系，加强对安全预防措施到位情况的监管，防患于未然。

一是统一认识，打造交通行业工程安全监督责任链。开展《公路水运工程施工安全监督管理办法》和《交通建设工程重大生产安全事故应急预案》的宣贯工作，理顺交通行业工程建设安全生产监管体制，确保层级监管程序与责任到位。

二是不断完善工程安全技术法规体系。我们将积极配合相关司局，加快公路水运工程安全技术法规建设工作。

三是加大安全督察力度。将从业单位的安全生产行为纳入部统一的工程建设信用管理体系，并实施监督管理。建立重点督察项目名单，对失信者报部作出严肃处理。

四是分析安全生产形势，加强政策指导。研究事故发生规律，分析安全形势，指导各地安全生产工作。目前工程安全事故统计制度已在国家统计局备案，各地努力做到事故及时报告和救援。

五是完善重大生产安全事故快速反应机制。细化、规范应急管理职责与程序，适时选择在建项目进行应急预案演练。

六是继续深化施工安全专项整治活动。将专项整治和长效管理相结合，继续开展高墩大跨桥梁和长大隧道的施工安全整治，对重点地区和企业事故预防措施重点督察。

# 求真务实　努力开创交通行业职业资格工作新局面

（交通专业人员资格评价中心主任　何　捷）

在今年全国交通工作会议上，李盛霖部长对做好“三个服务”作了深刻阐述，对加强从业人员职业资格管理提出了具体要求，这使我们更加深刻地认识到建立健全交通行业职业资格制度的重要性和紧迫性，进一步增强了做好工作的责任感和使命感。

今年是交通行业职业资格工作全面推进的一年，我们将以邓小平理论和“三个代表”重要思想为指导，以科学发展观和构建社会主义和谐社会为统领，认真贯彻落实全国交通工作会议精神，紧紧围绕“三个服务”和交通部党组的中心工作，坚持求真务实，加强调查研究，创新体制机制，理顺工作关系，以交通行业中涉及国家财产和人民生命安全的关键岗位为重点，加快建立职业资格制度和注册管理制度，努力为交通事业发展服务，为行业管理服务，为从业人员服务。

一是做好交通行业职业资格工作的调查研究和规划指导工作。以建立突出行业特点、适应行业管理需要的交通行业职业资格制度体系为目标，开展公路、水路交通行业关键岗位及其从业人员状况的调查，摸清交通行业管理对职业资格制度的需求，研究编制《2008 年－2015 年交通行业职业资格制度建设规划》。以建立分工合理、关系顺畅、工作高效的交通行业职业资格制度管理体制为目标，开展交通行业职业资格制度管理体制和运行机制的调查研究，深入分析交通职业资格的基本特性及其与行业管理的关系，研究制定《交通行业职业资格制度暂行规定》。

二是大力实施《交通行业关键专业技术岗位职业资格制度建设实施方案（试行）》。按照优先在涉及国家财产和人民生命安全的关键岗位建立准入类职业资格制度，在关系公共利益的重要岗位建立水平评价类职业资格制度的总体思路，会同交通部有关司局，以建立道路、水路危险货物运输人员职业资格制度和注册管理制度为重点，加快建立和实施注册土木工程师（道路工程）制度、注册土木工程师（港口与航道工程）制度、注册验船师制度、机动车检测维修专业技术人员职业水平制度以及国际海运专业人员、理货人员等从业人员职业资格制度。以制定机动车检测维修专业技术人员登记服务制度为重点，研究制定交通行业职业资格登记服务和注册管理制度。参照国际惯例，会同交通社团组织、交通骨干企业和院校研究建立汽车租赁师、物流师（交通）等职业培训证书制度。

三是加快推进交通行业特有的职业技能鉴定工作，组织指导交通行业职业技能竞赛活动。加强交通行业新职业的研究和申报工作。编制出版交通行业 17 个特有职业（60 个工种）的国家标准及职业培训教材，修订出版营运汽车驾驶员等交通职业行业标准。以交通职业院校和培训基地为依托，初步建成全国交通行业职业技能培训工作站和鉴定站网络。组建交通行业特有职业技能鉴定督导员和考评员队伍。指导开展交通行业特有职业技能鉴定工作，组织好交通行业特有职业技师、高级技师的考评工作。以研究制定《交通行业职业技能竞赛管理暂行办法》为重点，规范交通行业职业技能竞赛工作，指导有关交通社团组织好全国汽车驾驶学校教练员、汽车修理工等职业技能竞赛活动，在全行业努力营造立足岗位、钻研技术、发奋成才的良好氛围。

四是切实加强评价中心自身建设。今年我们将继续坚持一手抓职业资格制度建设，一手抓评价中心自身建设，进一步建立健全规章制度，不断强化“大局、法治、服务、质量、效率、节约”六大意识，切实改进思想作风和工作作风，努力提高服务能力和服务水平，把评价中心建设成为一个熟悉交通行业管理情况、精通职业资格业务，“学习、创新、和谐、富有成就感”的专业化团队，把交通行业职业资格制度建设好、管理好、使用好，为交通事业又好又快发展贡献力量。

# 努力做好服务　开创离退休工作新局面

（交通部离退休干部局局长　田西京）

交通部离退休干部局贯彻落实2007年全国交通工作会议精神，就是要根据李盛霖部长的讲话，结合部党组自2001年以来先后下发的《"六老"工程纲要》、《"四个起来"工作目标》和《关于进一步做好新形势下交通部机关离退休干部工作的决定》这三个文件精神，来思考在新形势、新情况下交通部离退休干部工作的新思路和新举措。

2007年交通部离退休干部工作的思路是：以邓小平理论和"三个代表"重要思想为指导，以科学发展观和构建社会主义和谐社会战略思想为统领，以贯彻全国交通工作会议、全国交通系统廉政工作会议精神和部党组《关于进一步做好新形势下交通部机关离退休干部工作的决定》为主线，以深化"两个认识"，建设"两支队伍"，落实"两项待遇"为着力点，以党组放心、离退休干部满意为目标，紧紧围绕促进交通事业又好又快发展和部机关建设做好工作，面对新形势，立足新起点，开创部机关离退休干部工作新局面。

2007年交通部离退休干部工作的重点包括：

一是深化"两个认识"，即深化对离退休干部工作和深化对离退休干部的认识。离退休干部工作是党的干部工作的重要组成部分，是认真贯彻落实科学发展观和构建社会主义和谐社会的具体体现。离退休干部是党和国家的宝贵财富，尊重离退休干部就是尊重党的光荣历史，爱护离退休干部就是爱护党的宝贵财富，重视离退休干部的作用就是重视党的执政经验和执政资源。通过深入学习宣传、贯彻落实部党组《关于进一步做好新形势下交通部机关离退休干部工作的决定》，使全局职工进一步坚定信念，更新观念，树立理念，怀着深厚的感情做好离退休干部的服务。

二是建设"两支队伍"，即建设离退休干部工作队伍和建设离退休干部队伍。在"两支队伍"建设中，要把离退休干部工作队伍建设作为十分重要的基础性工作来做。要切实加强作风建设，在为离退休干部服务中突出一个"深"字（即对离退休干部的感情要深），落实一个

“实”字（即抓工作要求真务实），体现一个“心”字（即服务离退休干部要有热心、爱心、诚心、细心、耐心），在全局深入开展向石腾格同志学习的活动。要继续落实中组部《关于进一步加强和改进离退休干部党支部建设的几点意见》，充分发挥离退休干部党支部的战斗堡垒作用，使离退休干部充分发挥在落实科学发展观、促进交通事业又好又快发展中的推动作用，充分发挥在构建和谐社会和机关建设中的参谋作用，充分发挥在弘扬党的优良传统和牢固树立社会主义荣辱观中的示范作用，充分发挥在加强党的执政能力建设和先进性建设中的促进作用。

三是落实“两项待遇”，即落实离退休干部的政治待遇和落实离退休干部的生活待遇。做好离退休干部工作，核心是做好服务，要按照党和国家离退休干部工作的各项方针政策和部党组的要求，继续做好交通部离退休干部“两项待遇”的落实工作。还要举办好交通部机关离退休干部第二届文化艺术节，充分发挥离退休干部工作咨询委员会的作用，积极争取交通部机关各司局对离退休干部工作的关心和支持，指导交通部部属单位进一步做好离退休干部工作，形成交通部离退休干部工作齐抓共管、协调配合的良好局面。

# 加强作风建设　规范权力运行
# 为做好“三个服务”提供坚强政治保证

（中央纪委驻交通部纪检组副组长、监察局局长　钟　华）

贯彻落实今年全国交通工作会议精神，做好今年反腐倡廉工作，要加强作风建设，深化机制创新，规范权力运行，不断拓展从源头上防治腐败工作领域。

一是抓好中央精神的学习贯彻，加强作风建设。组织交通系统党员领导干部认真学习、深刻领会胡锦涛总书记在中央纪委七次全会上的重要讲话的精神实质，进一步提高思想认识，切实把加强新形势下领导干部作风建设摆到更加突出的位置，加强对交通系统领导干部作风建设的监督检查。组织党员领导干部对照作风方面存在的突出问题，边学边查，边学边改。认真查处由领导干部作风问题引发的典型案件和违纪问题，树立一批洁身自好、务实清廉、执政为民、干事创业的优秀领导干部作风建设的典型，带动交通行业形成风清气正的良好风气。

二是抓好今年工作的任务分解，落实工作责任。按照李盛霖部长在2007年全国交通系统廉政工作会议上提出从源头防治腐败工作的“五项重点工作”和杨利民组长工作报告中提出的2007年交通系统反腐倡廉八项工作任务，做好今年反腐倡廉各项工作任务的分解，进一步明确目标责任、工作举措和进度要求。

三是抓好《实施纲要》的贯彻落实，推进体系构建。抓好贯彻落实惩防体系《实施纲要》2007年年底前工作要点的落实。在去年对部属单位贯彻落实情况进行监督检查的基础上，针对检查中发现的问题，采取有效措施，抓好整改落实；进一步加强组织协调和监督检查，督促牵头和协办单位对工作标准、完成时间和相关责任等进行安排和部署，确保十七大以前各项工作任务的完成，推进具有交通特色的惩防体系建设。

四是抓好领导干部思想道德教育，促进廉洁从政。坚持社会主义核心价值体系，结合新形势下领导干部的作风建设，进一步完善和丰富廉政教育的内容，创新教育方式，拓宽教育覆盖面，提高教育的针对性和实效性。全面推进交通廉政文化建设，充分发挥文化的引领作用，营造“以廉为荣、以贪为耻”的良好氛围，不断夯实领导干部的思想道德基础，提高拒腐防变能力。

五是抓好治理商业贿赂专项工作，维护市场秩序。开展自查自纠工作“回头看”活动，坚决纠正在查找问题中敷衍了事、消极被动的现象。认真查处行政机关公务人员利用审批权、监管权、执法权搞官商勾结、权钱交易的案件。进一步规范交通建设市场秩序，打击商业贿赂，加快推进诚信体系建设，努力创造公平、公开、公正的市场竞争环境。

六是抓好基础设施建设领域廉政工作，树立行业形象。今年的重点是抓各项规章制度的落实、抓改革创新、抓廉政典型的培养、抓农村公路建设的廉政工作。针对交通基础设施建设领域出现的新情况新问题，探索从源头上防治腐败的新举措。严肃查处工程建设中的违纪违法行为。

七是抓好纠正行业不正之风工作，维护群众利益。努力从源头上预防公路“三乱”问题的发生，逐步形成覆盖全国的治理公路“三乱”的长效机制。继续采取措施，确保“绿色通道”畅通。加强对交通工程建设中征地拆迁补偿费和农民工工资到位情况以及清欠工作的监督检查。严肃查处安全事故背后的腐败问题。认真开展“特权车”、“人情车”专项清理工作。

八是加强对权力运行的制约监督，推进机制创新。加强对重要岗位、重点对象的监督、关键环节的制约监督，推进机制创新，优化权力配置。继续深化行政审批制度改革，按照国务院的要求，下决心再取消和调整一批行政许可项目。进一步完善政务公开制度，以电子政务为重要载体，积极推进覆盖全国的交通政务信息平台建设，方便群众监督。

九是抓好违纪违法案件的查处工作，加大工作力度。进一步完善信访机制，畅通举报渠道，深挖案件线索，整合办案力量，完善协调机制，加强案件审理，坚持“一案双查”，严格责任追究。坚持以案说法，以案释纪，以案施教，充分发挥查办案件的治本功能。

# 最有效的监管　最优质的服务

（交通部海事局常务副局长　刘功臣）

李盛霖部长在今年全国交通工作会议上要求各级交通部门统一思想，加强作风建设，不断适应新形势、新要求，努力做好“三个服务”。交通部海事局是部直属的最大一支执法力量，必须力争在贯彻部党组决策方面走在前列。我们就如何在今年及今后的工作中贯彻落实“三个服务”进行了深入思考。

第一，2006年海事工作取得显著成效，为进一步做好“三个服务”奠定了扎实的基础。

2006年是“十一五”开局之年，在交通部党组的正确领导下，海事工作以科学发展观为统领，坚持依法行政，严格监管，规范管理，增强服务交通和服务经济社会的能力，努力维护好海事的社会形象。2006年全国水上运输船舶发生交通事故四项指标均同比下降10%以上，重特大沉船死亡事故明显减少。在16个台风对我国沿海地区和船舶航行造成严重影响的情况下，海事部门共组织4.6万艘次船舶疏散避风，取得了运输船舶无人员死亡的好成绩。

第二，“三个服务”对海事工作的要求就是“发挥好海事经济性、专业技术性、涉外性、社会公益性和交通整体性，保障水上安全，维护国家主权”。

李盛霖部长明确指出，“三个服务”对海事系统履行职能的要求就是“发挥好海事经济性、专业技术性、涉外性、社会公益性和交通整体性，保障水上安全，维护国家主权”。在安全和主权方面，海事系统要切实履行法律赋予的职责；在“五性”方面，海事系统要努力实现在交通发展和经济社会发展中的价值。

我们必须提高认识，牢固树立主动服务的思想，切实把实现好、维护好、发展好最广大人民群众的根本利益作为海事改革、发展等各项工作的出发点和落脚点。

转变政府职能，强化海事工作的公共服务功能是社会主义市场经济条件下的必然要求。海事工作的基本定位，就是为社会提供公共服务和社会管理。

保障水上安全，不断提高海事服务的能力和水平，是海事履行职责、服务经济社会发展全局和人民群众安全便捷出行的全部任务。

坚持以人为本，加强源头治理，实施长效机制，创新安全监管工作，就是通过监管能力的提高，保证"船舶适航、船员适任、安全畅通"，从更高层次体现优质服务。

转变作风，将海事工作主动融入经济社会发展全局，是实现公共服务的具体体现。海事工作要"以人民群众为中心"，逐步实现海事行政执法权力动用到哪里，公共服务就提供到哪里。

第三，立足"三个服务"，明确海事任务，确立2007年工作目标。

围绕做好"三个服务"，进一步规范管理，强化监管，优质服务，提升能力，维护好水上安全形势稳定，这是海事系统2007年及今后一段时间工作的主要任务和目标。

主要任务是：立足于经济社会发展，强化航海保障，改善水上交通运输环境，维护水上交通秩序。着眼于社会主义新农村建设，继续推进渡口渡船的更新改造，加快中西部船员发展，加大农村安全普法教育，增强农民水上交通安全意识。服务人民群众安全便捷出行，要始终坚持"安全第一、预防为主、综合治理"的方针，完善水上安全管理格局，创造安全出行环境。着力于提高海事整体管理水平，努力向海事强国迈进。加强国际交流与合作，提高在国际海事界的话语权。

2007年工作目标立足六个"新"。一是水上安全形势要有新面貌。在2006年基础上死亡人数绝对值指标下降1%。二是海事服务要有新拓展。按照部党组关于建设水路交通运输体系战略部署，保障国家战略物资运输和重点工程安全，维护国家主权。三是依法行政水平要有新提高。进一步转变政府职能，增强行政执行力和公信力。四是监管能力建设要有新进展。着力于整合资源，提高公共服务水平。五是海事发展要有新活力。紧扣发展这个永恒的主题，开展"四个创新"，在建设"三个海事"、打造"三支队伍"、实现"三个追求"方面取得实实在在的成绩。六是海事形象要有新提升。加强队伍的思想建设、道德建设、文化建设，提高海事职工的综合素质。

# 围绕交通“三个服务” 坚持救捞“五个并重”

（交通部救捞局局长 宋家慧）

当今时代是一个理论不断创新发展的时代。顺应这一大势，交通部党组的理念创新成果是“三个服务”，交通部救捞局的理念创新成果是“五个并重”。紧紧围绕部党组的工作部署，努力做好“三个服务”，是全面落实科学发展观的前提条件；紧密结合交通救捞实际，坚持救捞“五个并重”，是加强救助、发展打捞的必然要求。为此，在交通部党组的正确领导下，我们必须从努力实现救捞又好又快发展的战略高度，按照“三精两关键”的总体目标，满腔热情地把坚持救捞“五个并重”摆到更加突出的位置，并通过海上应急救助和应急打捞的丰富实践，努力为做好交通“三个服务”作出新的积极贡献。

第一，从职责任务上充分体现交通“三个服务”。交通部救捞系统是交通部领导下的国家惟一的海上专业救助打捞队伍。根据六部委文件明确的“建立一支政令畅通、行动迅速、装备精良、人员精干、技术过硬、作风顽强的国家专业海上救助队伍”和部党组提出的“建立一支装备先进、技术精湛、吃苦耐劳、不畏艰险的国家专业海上打捞队伍”的要求，体制改革三年来，救捞系统通过加强队伍建设、装备建设和制度建设，不断提升救助打捞能力，累计出动救捞力量 2 249 次（艘/架/队次），执行救助行动 1 547 起，救助遇险人员 9 013 名（其中外籍人员 1 362名），救助遇险船舶 458 艘，打捞沉船 33 艘，获救财产价值约 151 亿元。这些丰硕的成果，不仅彰显了国家专业救捞队伍在关键时刻的关键作用，而且还从职责和任务上充分体现了交通“三个服务”。

第二，从“五个并重”上充分展示交通“三个服务”。2006 年救捞系统以“五个并重”为指导，不断加强救助打捞能力建设，着力构建和谐救捞系统，实现了“十一五”工作的开门红，向“人命、财产、环境救助并举，救助、打捞、抢险救灾兼顾，远洋、沿海、内陆并进，空中立体救援、海面人命救助、水下潜水打捞结合，大中小并用，远中近配套，建设多‘兵种’、多功能、多手段、多元化发展的世界一流的国家专业救捞队伍”的目标迈出了坚实的一步。

主要体现在：一是认真履行职责，出色完成应急抢险救助打捞任务。去年救助出动次数和救助遇险船舶、人员数量均超过历年水平。特别是在历次台风和强冷空气袭击我国沿海期间，救捞职工不畏艰险，对遇险人员、船舶实施了及时有效的救助，出色完成了越南渔民救援、沙埕打捞等一系列重大救助打捞任务。二是完善海上动态待命救助值班框架体系，努力提高救助的快捷性和有效性。如去年 7 月 15 日，交通部西沙救助基地正式启用。这是我国未来勘探开发油气资源的重要水域建立的第一个以人命、财产救助和保护海洋为主要目的的远海救助基地，具有重大而深远的战略意义。三是以科技创新为引领，救捞系统在深潜水成套技术的研发方面取得了重大突破，创造了饱和潜水员在百米水下的高压环境内一次停留近七昼夜的国内纪录，填补了我国此项技术成功运用的空白，标志着我国已经具备“库尔斯克”号打捞所需的潜水技术和能力，具有里程碑式的意义。四是成功举办了救捞创建 55 周年暨体制改革 3 周年纪念活动。

第三，从实践中不断提升救捞“三个服务”能力。2007 年，救捞系统将按照部党组的要求，紧紧围绕交通“三个服务”，坚持救捞“五个并重”，在努力实现救捞事业又好又快发展进程中，进一步提升“三个服务”的能力。为此，全系统将严格执行动态待命值班制度，周密制定值班计划，科学调配值班力量，巩固和扩大渤海湾地区陆岛空中救援网建设的成果，努力把重点时段、重点水域、重点船舶的救助待命值班工作落到实处，确保险情一旦发生，能够出动快、到达早、救得下、捞得起，发挥关键作用。借鉴西沙基地建设的经验，继续与海军共建救助基地，不断完善动态待命救助值班体系。与此同时，在发展打捞上还要坚决履行公益性职责；积极发展优势产业，实现“以经营养打捞”、不断提升国家专业应急抢险打捞能力的改革目的。

# 认真实践“三个服务” 促进山西交通又好又快发展

（山西省交通厅厅长 王晓林）

在今年的全国交通工作会议上，交通部党组提出了“三个服务”的新理念。

具体到山西，服务经济和社会发展全局，实现交通科学发展，应当坚持好字当头、好快并重的方针，转变增长方式，创新发展模式，推动产业转型。具体地讲，就是要实现“三个转变”。

## 交通基础设施服务能力增长方式由外延式增长向外延式增长与内涵式增长并重转变

经过几代人的共同努力，山西公路通车里程达到 11.3 万公里，公路密度达到 72.4 公里/百平方公里，但总量不足、质量不高仍是基础设施发展中的主要矛盾。总量不足的问题主要体现在高速公路上，山西省高速公路规划总里程 4 000 多公里，目前仅完成主骨架建设，通车里程占规划里程不足一半，建设的任务仍十分艰巨。我们要强“调好”，但决不能放弃“快”。今年计划开工 1 000 公里，力争再用四年左右的时间，基本打通山西承东启西的主要通道和出省通道。届时山西高速公路达到 3 000 公里，网络化程度明显提高，基本适应经济社会发展的要求。质量不高的问题，主要体现在干线与农村公路上，其主要任务是加强公路养护管理和改造，提升公路技术等级和通行能力，提高现有通道资源利用率。

## 交通发展模式由粗放式发展向资源节约型、环境友好型发展转变

在土地资源利用上，公路建设要尽量减少耕地占用，能用旧路的不开新线，能占荒地、废地的不占耕地，能少占土地的不多占一寸。在保护环境上，要严格落实环境保护“三同时”制度，设计时最大限度地保

护生态，建设时最小程度地破坏生态，建成后最强力度地恢复生态，同时建立生态补偿机制，抓好通道绿化。在节约能耗上，要大力发展循环经济，推进工业废物综合利用、再生资源回收利用，研发推广能源替代、材料再生等新技术。在污染减排上，加快车辆装备升级换代，逐步淘汰高耗能、污染大、安全性能低的车辆。

## 交通产业由传统产业向现代服务业转变

要紧紧依靠科技进步与创新，加快交通从传统产业向现代服务业的转变。基础设施建设和管理要坚持以信息化带动工业化，改造和提升传统产业，大力推广应用信息技术，建设智能交通，改进整个交通运输系统的运行组织方式，提高资源配置效率。运输服务要积极向现代物流业转型，加快建设物流园区和配送网络，建立覆盖全省的物流服务平台，引导运输企业加强与工业企业、商贸服务企业的合作，延长供应链，开展仓储包装、加工、运输、配送服务，有效降低产品流通成本，逐步向第三方物流企业转变，打造物流发展的产业基础，使之成为交通运输行业新的支柱产业。

服务社会主义新农村建设，必须牢牢抓住"三农"日益增长的交通服务需求这个根本出发点，着力推进"双通"工程。

交通是社会主义新农村建设的重要载体和基础设施。农村公路建设，也是交通服务"三农"工作的重要抓手。根据我国建设社会主义新农村的总体部署，我们要进一步加大对农村公路建设的投入，完善农村公路建设政府投入为主导的多元化筹资机制和农村客运政策保障体系。要进一步扩大农村公路覆盖面和连通度，进一步引导农村客运资源重组整合，大力发展农村物流，促进城乡物资交流。

服务人民群众安全便捷出行，必须牢牢抓住转变政府职能这个关键，着力提高四个能力。

着力提高经济调节能力。对于交通部门来讲，现阶段最重要的是，一要从保障经济建设需要出发，抓好煤炭等国家战略物资和抢险救灾、交通战备物资等的运输保障工作。二要抓好"五一"、"十一"和春节等客流高峰期的旅客运输保障工作。三要在推广计重收费的基础上，制定出台产业政策，推动道路货运由超限超载的重型结构逐步向专业化、厢式化转型。

着力提高市场监管能力。要进一步完善行政许可和市场准入、退出机制，加强公路建设市场准入后续监管，加强诚信体系建设。

着力提高社会管理能力。当前最重要的是提高安全监管能力，建立和完善安全生产准入、退出机制，要建立和完善省、市、企业三级 GPS

监管平台，从严落实安全生产责任制，加大安全生产监督检查力度，加大安全生产投入，继续推进公路安保工程，完善道路运输安全检查设施和水上交通安全救援体系，提高事故预防和人命救助能力。

着力提高公共服务能力。要切实加强公路养护管理和绿化美化标准化，建立路况、气象信息公告制度，为旅客提供全方位的出行服务。

# 突出五个重点　注重五个结合
# 乘势而上　再创辉煌

（内蒙古自治区交通厅厅长　常　海）

在今年全国交通工作会议上，交通部党组提出并深刻阐述了“三个服务”理念。我们要按照做好“三个服务”的要求，以内蒙古自治区成立六十周年大庆为新的起点，迎接新挑战，再创新辉煌，实现新跨越。

## 突出“五个重点”，推进交通现代化水平，努力提高做好“三个服务”的能力

一是通过构筑区域快速交通骨架系统，加强区域联系，增强带动功能和辐射作用。以“贯通区内，畅通三北，连通俄蒙”的公路网络建设为重点，加快国家和自治区规划的高速公路主骨架建设，完善自治区境内国道主干线和省际通道，全面贯通区内高速公路主通道。

二是通过加大出区通道和路网改造力度，改善路网结构，增强道路支撑功能和网络作用。以资源通道、出口通道和区内连接通道为重点，加快推进国省干线公路连接高速公路网中的骨干线路和城市间的交通走廊建设。进一步提高技术等级，完善路网结构。加快完善中西部盟市高等级公路网络，重点加大对东部盟市交通发展的支持力度。

三是通过实施“通达工程”和“通畅工程”，夯实新农村新牧区公路基础设施，增强基础功能和先导作用。要创造性地用足用好国家、自治区建设新农村新牧区的政策，鼓励和支持地方修建农村牧区公路，广建民生路、致富路，早日让农牧民群众走上沥青（水泥）路。

四是通过加快发展交通物流业和客运网络，积极推进传统运输业向现代服务业转型，增强服务功能和保障作用。以推进运输资源的有机整合和合理配置为重点，积极调整运输结构，加快干线公路高效运输网络建设，加快推进农村牧区客货运输发展，以信息化推动公路运输业向集约化、规模化、组织化和智能化发展，进一步延伸和拓展交通运输

服务领域，努力实现由传统运输业向现代物流业的转变，为群众出行提供安全便捷的运输服务。

五是通过实施“质量兴交”工程，确保“双优”目标，提升交通服务效能和形象。按照科学发展观和建设资源节约型、环境友好型交通的要求，把“质量第一”的观念贯穿于发展的全过程，加强质量保证体系建设，提高公路建设的勘测设计、施工、管理和服务质量，积极提升交通建设工程的品质。

## 注重“五个结合”，全面提高交通生产力，推进交通的可持续发展

一是注重规划引导与项目推进相结合。积极加快实施《内蒙古自治区高速公路网规划》及各项专项规划，加快推进规划项目的组织落实。结合实际、把握节奏，发挥各级各方面力量，实现滚动发展。理顺关系、优化环境，积极争取相关部门和社会各界的理解和支持，确保交通又好又快发展。

二是注重放大内生性资源与激活外生性资源相结合。按照责权统一、分级管理的原则，继续强化各级地方政府在公路建设和管理中的主体地位。要积极引导社会资源整合，引导多元投入，大力探索土地、林业、矿产等资源开发置换公路模式，积极探索把公路建设纳入工业项目、生态项目、资源开发项目配套建设的“配建制”模式。

三是注重引进推广与开发创新相结合。积极推广节能降耗、有效保护环境的新工艺、新技术。引导创新元素向交通行业集中，并与交通项目、产业对接，提高创新对交通发展的贡献率。

四是注重强化行业综合监管与专项治理相结合。加强各项整治工作，打击不正当竞争和各种违法经营行为。进一步加强公路养护管理工作，推进国省干线环境综合整治和绿化、美化、标准化建设，加大车辆超限超载运输治理工作力度，妥善解决好项目工程款及农民工工资的拖欠问题，深入实施平安交通建设，切实推进和谐交通建设。

五是注重文明建设与文化融入相结合。大力加强交通行业的精神文化、物质文化和社会文化建设，在交通基础设施建设、交通运输硬件建设和交通工作环境建设上融入文化品位、应用文化元素、赋予文化理念，加强交通“窗口”单位的规范化建设，打造交通服务品牌，全面推进行业文明建设。

# 抓好三项重点　做好“三个服务”

（吉林省交通厅厅长　张　勇）

当前，吉林省正处于巩固发展基础、积聚发展能量、转变增长方式、调整经济结构、加快振兴步伐的关键阶段，按照李盛霖部长在今年全国交通工作会议上提出的“努力做好‘三个服务’，推进交通事业又好又快发展”的要求，2007 年，吉林省交通工作将以创新、发展、服务为主题，抓好高速公路建设、农村公路建设和公路养护三项重点工作，统筹推进道路运输等工作，为构建社会主义和谐社会创造良好的交通运输环境。

高速公路建设是吉林交通更好地服务国民经济和社会发展全局的首要突破口。我们必须调整基础设施结构，加快高速公路建设。2007 年，全省计划投资 300 亿元，将新开工建设 7 条高速公路，使高速公路在建项目达到 12 个，在建里程达到 1 715 公里。今年，我们将以体制机制创新确保高速公路建设的顺利推进，同时，将在资金筹措、前期工作等关键环节，以理念创新为先导，以政策创新为保障，全力攻坚，确保已开工项目的质量和进度，争取新开工项目尽早开工；在工程设计、建设等关键环节，以科技创新为引领，转变增长方式，走资源节约、环境友好的高速公路建设之路。

修建、养护农村公路是交通服务社会主义新农村建设的最直接手段。今年，我们将进一步完善农村公路发展规划，将农村公路纳入当地社会主义新农村建设总体规划。加强农村公路项目计划管理和建设标准控制，重点建设通乡镇、建制村以及省级社会主义新农村试点村镇的沥青（水泥）路。充分发挥国家投资政策的引导作用，推动地方配套政策和资金落实到位。加强农村公路建设组织管理，全面提升管理水平和工程质量。全年计划投资 55 亿元，建设农村公路 8 340 公里，使乡镇通沥青（水泥）路率达到 98.8%，建制村通沥青（水泥）路率达到 74.8%。在切实抓好建设的同时，我们还要突出解决农村公路养护管理问题，认真组织实施吉林省政府《农村公路养护和路政管理若干规定》，尽早出台《农村公路体制改革实施方案》和《农村公路养护和路政管理若干规定实施细则》，做到机构落实、人员落实、责任落实、资金落实；调整摩托车(农用三轮车)养路费征收渠道，建立稳定的农村公路养护资金来源，使农村公路更好地服务新农村，为农村经济发展、农业产业结构调整、农民增收创造良好的交通条件。

提高公路养护质量，加强运输组织保障是吉林交通服务人民群众安全便捷出行的两个着力点。2007 年，我们将继续坚持以人为本，抓住管理创新不放松，提高交通有效供给能力。在提高公路养护质量方面，我们将贯彻“建养并重”原则，加大养护投入，严格控制普通干线新开工项目；针对养护体制改革后出现的新问题，普通公路在养护工程招投标、诚信体系建设、工程组织管理等方面将制定行之有效的办法，逐步建立完善养护市场机制，高速公路将在理顺管理体制上下工夫，逐步实现统一管理；利用 3 年时间在全省开展“公路养护管理年”活动，提高公路综合服务水平。

在加强运输组织保障方面，一是努力推动运输行业发展，投资 2.3 亿元完善道路运输场站设施和水运基础设施；构筑和完善快速客运和货运网络，大力发展农村客运，促进城乡客运一体化，为农民出行创造便利条件；研究制定扶持大型客货运输企业发展措施，培育龙头企业；积极拓展道路运输合作与交流，重视发展国际、省际道路运输。二是加强运输市场监管，进一步建立运输市场诚信考核体系，建立长效管理机制。严厉打击非法营运等违法违规行为，整顿和规范运输市场秩序。三是加强运输组织，保障重点物资和紧急物资运输，切实抓好春运和黄金周的旅客运输。四是深入开展治超工作，尽早完成监督网络，建立常态管理机制。

# 用“三个服务”理念研究和解决发展中的重大问题

（黑龙江省交通厅厅长　段明山）

“三个服务”是对交通发展理念的新探索，是对交通发展进程的新实践，是交通发展内容的新载体，体现了构建社会主义和谐社会的时代特色，反映了实现“又好又快”发展的根本内涵，指明了创新型交通行业的发展方向，做好“三个服务”是今后一个时期交通工作的出发点和落脚点。

面对机遇和挑战，我们必须用“三个服务”的理念去研究和解决发展中的重大问题，这些问题主要有八个方面：

一是完善交通发展规划，加快公路建设步伐。我们确定了“一个中心、两个重点、四个支持”的发展思路：“一个中心”就是以全省骨架公路网建设为中心，全面提升路网的通行能力和综合服务水平，“两个重点”，一是重点建设国家高速公路网项目，实现“十一五”末高速公路贯通除黑河、加格达奇外的所有区域中心城市，二是重点建设农村公路，力争提前完成“十一五”农村公路建设任务；“四个支持”就是从落实好“三个服务”出发，支持打通和硬化国省干线“断头路”、砂石路，支持改造制约县域经济发展的“瓶颈路”，支持改造社会化服务程度高的农垦和森工系统的专用干线路，支持建设通往重要口岸的公路和通往主要景区的旅游线路。

二是加快提高道路运输能力，围绕服务促发展。服务四大区域经济板块建设，合理规划、统一组织，集中建设与之相配套的方便快捷的运输大通道；服务沿边开放和东北经济圈建设，提高公路运输在对俄运输中承运比重；服务旅游强省战略，创新旅游运输方式；服务运输企业，打造一批省内品牌企业和现代物流企业。

三是加快水运发展。我们要充分利用和有效发挥水运优势，深入挖掘自身潜力，加快黑龙江省水路运输发展步伐，把水运变成未来黑龙江省交通运输的一大亮点，实现公路水路交通的协调发展。

四是合理筹措交通发展资金，搭建“三个融资平台”，拓宽“四种融资渠道”。即以省交通厅为主体，以交通规费征收、国家补贴资金和政策支持为支撑，吸引银行信贷资金的融资平台；以省高速公路公司为主体，以存量资产和建设项目为支撑，吸引社会直接投资的融资平台；组建黑龙江省网化公路经营管理公司，以地方网化公路资产为支撑，按照“整合资源、规范管理、利益共享、风险同担”的原则，筹集农村公路建设资金的融资平台。

五是加强工程建设管理。加强对建设管理体制和工程管理模式的研究探索，进一步规范建设市场秩序，加强设计管理。要把保护环境、节约耕地作为工程设计方案比选的重要指标。结合黑龙江省实际，科学确定高速公路功能定位，研究切实可行的建设标准和实施方案。

六是加快公路养护体制改革。公路养护管理改革应在确保稳定的前提下分阶段进行，逐步推行公路建设和养护市场化，力求做到权责一致、层级精简、效率加强。

七是加强收费公路管理。加强行业监管，按要求清理收费站点，加强对通行费资金收支的监管，确保用于偿还贷款。推进内部改革，精简机构和人员，大力充实基层一线，做到“机关规模要小、收费人员要足”。完善服务功能，改进服务区的管理水平，健全服务项目，展现良好的服务风貌。

八是规范交通行政执法。完善交通法规体系，加强交通执法队伍建设，建设一支“政治坚强、业务精通、作风严谨、纪律严明”的交通行政执法队伍。全省交通行政执法部门要认真执行省厅提出的“十不准”要求，实行行政执法“六个”公示，保证各项执法行为公开、公正、合法、廉洁。

# 加快推进“三个转变” 突出抓好“四大重点”

（江苏省交通厅厅长 潘永和）

交通部党组提出的“三个服务”理念进一步提升了交通行业的战略地位，拓展了交通行业的发展空间，丰富了交通行业的发展内涵，为我们统筹兼顾好各项交通工作提供了科学指导。为认真落实“三个服务”的总要求，突出又好又快发展的主题，江苏交通系统要尽快转变工作思路，加快推进“三个转变”。

一是实现从抓公路发展为主，向加快构建现代综合运输体系转变。通过对各种运输方式的有机整合，形成分工协作、优势互补、衔接顺畅的现代综合运输体系，这是交通运输业发展的客观规律，也是我们做好“三个服务”的创新途径。从江苏实际看，能源、原材料、市场、劳动力“四头在外”的产业结构特征，决定了国民经济对交通发展具有极高的依存度，加快发展衔接配套和服务高效的现代综合运输体系，将为江苏实施新型工业化战略打造更具竞争力的发展环境；而且，人多地少、环境承载力脆弱的特殊省情，客观上也要求交通走集约发展之路。

二是实现从抓工程建设为主，向抓工程建设和行业管理统筹兼顾转变。既有工程建设任务，又有行业管理职能，是交通部门的重要特征。我们必须牢固树立“抓工程建设是发展，抓行业管理也是发展”的理念。当前，交通行业管理方面还存在着一些薄弱环节，迫切要求我们在抓好交通建设的同时，高度重视行业管理工作，把服务社会、促进发展作为行业管理的第一目标，加快和谐交通建设步伐。

三是实现从抓建设和管理的日常工作为主，向重点抓基础工作和前期工作转变。一个行业的兴衰成败，与其基础工作水平紧密相关。近年来，江苏交通总体上实现了持续、快速、健康的发展，但在加快发展的过程中也沉积了一些较为突出的问题。当前和今后一个阶段，交通发展的任务将更加繁重，新的矛盾还会不断出现，迫切需要我们以创新的思路从根本上加以解决。

基于上述思路，今后一段时期，我们要突出抓好以下四大发展重点：

一是努力构建全国领先的现代综合运输体系。以江苏大交通管理体制逐步形成为契机，对交通发展资源进行系统整合和优化配置，在继续加强过江通道和出省通道建设、完善公路网分层次布局的同时，加快港口、航道、铁路、航空的发展，实现各种运输方式的协调并进，力争建成全国领先的公铁水空一体化的现代综合运输体系。

二是加快推进区域与城乡交通协调发展。不仅要考虑各地区当前交通运输需求和远景运输增长，而且要考虑不同地区“全面达小康”的不同时序要求，科学合理地分配交通发展资源；在继续抓好对经济发展和产业布局有重大助推作用的重点工程建设的同时，要更加重视农村交通设施的改善，努力推进城乡客运一体化，有效改善农民生产生活条件。

三是突出加快现代交通运输服务业发展。坚持一手抓投入、一手抓产出，更加重视和加快交通运输业的发展。按照一手抓传统服务业增长、一手抓新兴服务业培育的要求，在继续提升传统运输业的同时，研究更加积极的政策措施，突出加快现代物流、仓储、汽车维修、驾培等新兴服务业的培育与发展，不断扩大市场主体总量，有效提升江苏省运输产业层次和服务质量。

四是切实加强构建和谐交通的载体建设。正确把握和谐交通的内涵，切实找准构建载体。和谐发展的江苏交通应具备法治有序、安全可靠、便民利民、诚信公正、廉洁高效、节约环保、文明友好等基本内涵，我们要把法治交通、平安交通、惠民交通、诚信交通、廉政交通、绿色交通、文化交通等作为江苏省构建和谐交通的重要载体，把和谐发展的理念落实到交通发展的生动实践中去。

当前交通发展的机遇大于挑战。我们要继续坚持“经济发展、交通先行”的方针，按照“好中求快、优中求进”的要求，紧密结合江苏交通实际，坚定不移地推进交通率先发展、科学发展、和谐发展，进一步转变工作思路，调整发展重点，切实增强贯彻落实“三个服务”的自觉性、主动性和创造性。

# 围绕“三个服务” 实现“三个加快”

（浙江省交通厅厅长　郭剑彪）

近年来，在交通部和浙江省委、省政府的正确领导下，依靠社会各界的广泛支持，通过全系统干部职工的不懈努力，浙江交通各项事业快速推进，为经济社会发展提供了有力保障。今后一个时期，是浙江全面建设小康社会的攻坚阶段，也是浙江交通提前基本实现现代化的关键时期。我们将围绕交通部党组提出的“三个服务”要求，结合浙江实际，以科学发展观为统领，实现“三个加快”，推动浙江交通事业又好又快发展。

“十一五”浙江交通发展的总体思路是“坚持一个统领，实现三个加快”。即坚持以科学发展观为统领，加快公路网络化建设，加快港航强省建设，加快行业体制建设，全力推进浙江交通提前基本实现现代化。

“三个加快”的具体内容是：

一是加快公路网络化建设，更好地发挥区域与城乡公路网络的整体功能。高速公路重点建设通往省外的“接口路”、省内的“断头路”、区域间的“联网路”，干线公路重点强化配套、确保畅通，农村公路重点提高通达水平、健全管理养护体制。到“十一五”末，使全省公路总里程突破10 万公里，高速公路总里程超过3 500 公里，建成3 座世界级桥梁和4 条出省高速公路通道、6 条省内断头高速公路、16 条省内联网高速公路；新改建通村公路32 500 公里，使全省具备条件的行政村全部通等级公路，并逐步改造1.2 万公里联村公路。同时，按照“压量提质”的要求，规划新改建国省道及区域干线公路5 400 公里。

二是加快港航强省建设，更好地发挥全省港航资源的整体功能。以宁波－舟山港为龙头，整合全省资源，增强集疏运能力，形成“一个龙头”、“两个区域”（嘉兴港、温台港）、“三条主线”（浙北航道、钱江中上游航道、杭甬运河）的水运网络。一要实现管理体制上的实质性突破，成立统一的港口行政管理机构，加大政府对港航资源的利用。二要着手整合嘉兴、温台港口资源，筹划组建全省港口联盟，增强浙江港口的整体实力。三要加快建设“煤、矿、油、箱和公共基础设施”五大类代表性工程项目，新增各类泊位63个（万吨级以上泊位51个），新增年吞吐能力2.6亿吨，全省实现沿海港口年集装箱吞吐量突破1 200万标箱，货物年吞吐能力超7亿吨。四要加快港口集疏运体系规划和建设，大力发展港口服务业、现代物流和海运业，提高港口现代化水平。五要加快内河航道建设改造，实现内河高等级航道超1 000公里，完善大宗物资的河海联运体系。

三是加快体制建设，更好地发挥交通行业的整体功能。重点是通过推进港口管理体制、高速公路建设运营体制和农村公路管理养护体制等项改革，加强行业自身建设，努力建设“和谐交通”。一要进一步规范建设和运输市场秩序，建设“诚信交通”。二要抓好行业安全生产和行业稳定，建设“平安交通”。三要加强交通法制建设，建设“法治交通”。四要加强资源节约和环境保护工作，建设“集约交通”。五要实施“人才工程”，加强交通科研工作，建设“创新交通”。六要深化党风廉政建设和反腐败斗争，建设“阳光交通”。七要深入开展“作风建设年”活动，打造学习型、服务型、创新型、廉洁型和节约型机关，建设“效能交通”。

# 立足“三个服务” 加快安徽交通发展

（原安徽省交通厅厅长 宋卫平）

“三个服务”是安徽交通建设、管理、服务的根本出发点和立足点。安徽快速崛起，交通必须先行。只有构筑“通达安徽”的交通网，才能发挥安徽省作为长三角腹地的地缘优势，形成承东启西、贯通南北的经济交流大通道；只有建设覆盖城乡的现代化路网，才能让现代经济在广袤的农村扎根，让古老的农业大省焕发活力；只有提高运输服务的效率、质量和水平，让全社会享受方便快捷的现代交通成果，才能落实以人为本的理念，建设和谐社会。

基于此，安徽交通将围绕“中部崛起”、“东向发展”战略，加强交通基础设施建设，提升运输保障能力。加速推进高速公路建设，今年，安徽省按照“加密、联网、扩容、提速”的要求，建成高速公路656公里，实现市市通高速公路，与周边省份的高速公路沟通接口达到15个，组织实施高速公路连接线工程。推进国省道、重要县道升级改造，全年完成建设里程2 300公里，竣工1 200公里。大力开展工程质量巡查，提高路网工程建设管理水平。高度重视养护工作，杜绝国省道失修失养现象发生。实施以安保工程、公路灾害防治工程及桥梁维修加固工程为重点的路网结构改造工程。大力推进水运建设，积极探索地主港建设经营模式，开工建设一批牵引性强、对地方经济有较大支撑作用的水运大项目，开工建设蕲县船闸、巢湖港巢城新港区、青通河航道整治工程，力争开工建设合肥集装箱码头（新址）。积极引导支持交通物流项目建设，建立以合肥为中心枢纽，以芜湖、安庆、六安、蚌埠、阜阳为区域枢纽的物流服务体系，重点建设蚌埠现代物流园区等物流服务项目。

安徽要立足区位优势和中部崛起的战略地位，构筑承东启西、贯通南北的综合交通枢纽，切实发挥安徽综合交通枢纽在中部乃至全国的组合效应、集散能力、引导作用，实现覆盖范围更广、服务水平更高的货畅其流、人便于行的目标任务。

继续加快农村公路建设。今年，安徽将开工建设通村公路1.75万公里，完成1万公里以上农村公路建设。坚持“三个立足”，即立足于制度建设，进一步规范农村公路建设和资金监管；立足于“有路必养”，建立健全“统一领导、分级负责、以县为主、乡村配合、管养分离”的农村公路管养体制；立足于“路通车通”，按照“路、站、运一体化”的发展思路，重点建好 200 个农村客运站、2 000 个候车亭和招呼站，完成 100 座渡改桥和 200 道渡口标准化建设。推进城乡客运一体化进程，为农村经济发展、农业产业结构调整、农民增收提供良好的交通条件。

推进交通信息化进程。全面启动“交通电子政务系统”，构建交通综合管理信息平台和交通应急指挥平台，搭建全省交通、公安信息共享平台和交通科技信息化资源共享平台。尽快完成高速公路联网收费 IC 卡改造工程，融入长三角“3 + 1”区域联网收费，实现与长三角区域同步实行不停车收费。尽快完成主要城市间“道路客运联网售票系统”，完成“公路养路费全省联网收费管理系统”建设。提高交通行业的管理水平和服务水平，实现以信息化带动交通产业升级和交通现代化。

开展“阳光执法”、“亲情执法”，提高执法的透明度。推进路政网上审批，做好路网调度系统的研究和建设工作，推行并完善路政评价体系。进一步研究和制定服务区行业服务规范，逐步探索发展星级服务区的管理措施和办法；引导和推动高速公路经营单位对服务区逐步开展 ISO9001 质量体系、ISO14001 环境管理体系和 OHSAS18001 职业健康安全体系认证。推进高速公路绿化美化工程、文明样板路创建工程、收费站标准化工程。把满足人们的出行需要作为根本，不断增加交通有效供给能力，不断提高运输服务的效率、质量和水平，注重运输安全性、方便性、舒适性的统一。

# 服务新农村　公路建设既要有规划更要有办法

（福建省交通厅厅长　谢兰捷）

服务社会主义新农村，加快农村公路建设是福建省交通厅长期坚持的重要工作。福建于2004年全面启动“年万里农村路网工程”，预计用8年时间建成农村水泥公路4万余公里，实现全省建制村通水泥路的目标。经过3年的艰苦努力，这项被全省各界誉为党的“民心工程”和政府的“德政工程”的建设项目取得了很大成绩。

农村公路点多、面广、里程长，且直接涉及群众的切身利益，农村公路如何建设、如何管理，福建省交通厅做了许多积极的探索。围绕“年万里农村路网工程”规划，福建省交通厅出台了《福建省农村公路建设管理实施细则》、《福建省农村公路建设督察工作意见》等一系列规范性文件。坚持阳光操作，营造“公开、公平、公正”的发展氛围，改变以往政策由内部掌握为阳光操作，把省补标准和补助条件刊登在媒体上方便社会监督。在此基础上，建立预备项目库，实行敞开式计划管理，变计划管理为项目库管理。

随着“年万里农村路网工程”建设目标日益接近完成，尚余的通村公路硬化建设任务难度更大。为加快建设农村公路，福建省交通厅于今年年初提出三大举措加快推进农村公路建设：农村公路建设实行“三统一”（统一建设标准，统一抽检标准，统一补助标准）；明确各地建设目标；实行“一县一议”政策，扶持、激励经济困难及建设任务重的地区加快发展。福建省交通厅已与福州、莆田、漳州、龙岩所辖的13个县（市、区）签订了“一县一议”协议书，接下来还要与三明、南平、宁德3市进行“一县一议”商谈，让实施“一县一议”的各市、县重视这项工作，减轻农民负担，加大市、县两级补助，确保配套资金到位。

同时，福建省交通厅决定在全省农村公路建设中全面实行“代建制”。代建工程总体分为“路面代建”和“项目代建”，前者包括水泥混凝土路面、桥涵及主要构造物代建，后者包括整个农村公路项目代建。代建机构原则上由县交通局或公路分局负责组建，也可通过竞争方式由交通建设公司或具备资质和公路工程管理经验的设计、咨询、监理单位负责，并支付一定的代建费用。代建项目在验收后至缺陷责任期满期间所出现的质量问题由代建机构组织修复。福建省交通厅推行的“代建制”，就是代做业主，包括代替业主实施项目测设、资金拼盘、组织招投标、监管工程进度质量和安全、统收统支工程款、验收工程质量。

在漳州市平和县的试点中，“代建制”取得了较好效果。平和县农村公路普遍存在路况差、等级低、通达率低等问题，列入福建省交通厅项目库需改造的农村公路达194条735.8公里，占漳州市农村公路改建总里程的18%以上。实行“代建制”，极大调动了各方面的积极性。目前全县共完成投资2.38亿元，建成农村水泥路620公里，居漳州市首位。全县240个建制村已有221个完成道路硬化，占建制村总数的92%。全县交通基础设施取得了跨越式发展，交通服务“三农”得到充分体现。一是农村路网结构得到完善，农村公路等级水平和畅通能力提高，农民生产生活条件明显改善。二是山区长期以来“路难行”、农副产品“运输难”问题得到了根本解决，如“闽南第一高峰”大芹山上的白水村、全市村路里程最长的双坑村都建成水泥路。三是路通财通，山地增值、开发面积扩大，荒废果园林木重新得到经营发展并持续产生效益。四是山区运输成本降低，水果林木价格明显提高，不少山区村，蜜柚每公斤比原来增收0.2元至0.3元。五是山村人流、物流、信息流增强，农民“等、靠、要”观念改变，引资环境优化。农村公路上通公路主干线，下连农村千家万户，穿行于柚乡蕉海，汇成经济发展的“快车道”。

目前，福建省交通厅正进一步在全省通村公路建设中推行“代建制”，提高通村公路建设的质量、管理和投资效益，为全省通村公路建设任务的顺利完成奠定基础。

# 实践“三个服务” 推进江西交通又好又快发展

（江西省交通厅厅长 蒲日新）

江西省交通厅贯彻交通部党组提出的做好“三个服务”的战略部署，结合江西交通实际，要全面落实科学发展观，突出构建和谐社会这根主线，抓住又好又快发展这个关键，调整交通结构、转变增长方式、注重推进创新、强化行业管理，切实提升“三个服务”水平，推进交通又好又快发展。

## 紧紧抓住服务经济社会发展全局的着力点

加快高速公路和国省道网络化建设。今年江西全省交通基础设施建设投资将确保完成177.8亿元，高速公路总里程要超过2 000公里。在“十一五”末高速公路总里程突破3 000公里，加快“十纵十横”干线公路网规划公路、红色旅游公路和东南战备公路建设。同时，着力研究建立国家东、中、西部及省际的信息服务网络系统。

加快水运网络建设。在加快公路建设的同时，以长江黄金水道建设为依托，进一步加快水运建设。完成赣江（樟树－南昌）三级航道整治工程；开工建设赣江东河（南昌－瓢山）四级航道整治工程、省水上搜救中心和鄱阳湖分中心、九江长江国际集装箱码头、赣江新干港河西货运码头、吉安港石溪头货运码头，加快赣江石虎塘航电枢纽项目前期工作。在抓好在建项目的同时，抓紧做好后续项目的前期准备工作。

加快提升两个水平，为交通运输提供优质服务。一是提升交通运输市场管理水平。高度重视道路客货运输安全，细化道路运输“三关一监督”职责，培育公平竞争的道路运输市场环境，进一步开放运输市场，着力抓好清理客运车辆挂靠经营工作，进一步修订和废止设置行政壁垒、排斥外地运输经营者等妨碍公平竞争的制度和规定，鼓励客运企业异地参加客运班线招标，鼓励各种经济成分规模化投资运输企业。二是提升行业服务水平。进一步完善交通运输综合服务体系，积极引入市场机制，鼓励“窗口”单位规范服务行为，充分运用现代信息技术，构建交通综合信息服务平台，改革服务评估方式，实行内部考核与公众评议、专家评价相结合的评价方法，构建社会化评价体系。

## 紧紧抓住服务社会主义新农村建设的着力点

围绕服务社会主义新农村建设这个大局，坚持“路、站、运一体化”的发展思路和建、管、养并重的原则，力争通过“十一五”的努力，使农村路、站、运、桥建设取得新的突破。一是认真组织实施国家“五年千亿元”工程和交通部通达工程，每年改造农村公路 1 万公里以上，到 2007 年实现 90% 的建制村通公路、70% 的建制村通沥青（水泥）路，到“十一五”末，基本实现所有具备条件的建制村通沥青（水泥）路。二是积极支持社会主义新农村示范点建设。按照省委统筹，去年江西省交通厅出资 1 亿元解决 6 000 个示范自然村、今年出资两亿元解决 1 万个示范自然村村区道路硬化的材料补助问题。这是江西交通行业反哺农村建设一项强有力举措。三是加大通村砂石路建设力度，今年新建砂石路 2 500 公里。四是加快农村公路改渡建桥步伐，除大江、大河、大湖、大水库上的渡口外，准备用 5 至 8 年的时间全部完成 800 座改渡建桥任务。五是继续安排专项配套资金，支持少数民族地区农村公路建设和深山库区移民安置点外接公路建设。六是推进农村客运网络化。今年安排建设乡镇客运站 120 个、建制村候车亭或招呼站 2 000 个。要推行农村客运公司化经营。通过政策引导的方式，鼓励农村客运个体经营业户以线路为依托，以资产为纽带，在自愿的基础上，按照一线一公司、一片一公司模式组建股份制公司，实现集约化、公司化经营。研究和制定鼓励农村客运发展的优惠政策，确保农村客运开得通、留得住、有效益。七是深化农村公路养护体制改革。力争用三年左右的时间，基本建立符合江西农村实际和社会主义市场经济要求的农村公路管理养护体制和运行机制，保障农村公路的日常养护和正常使用，实现农村公路管理养护的正常化和规范化。

# 落实“三个服务” 为经济社会发展提供良好交通保障

（山东省交通厅厅长　贾学英）

山东作为传统交通大省，在省委、省政府和交通部的正确领导和大力支持下，近年来交通发展取得重大成就，具备了向现代服务业迈进的良好基础。今后一段时期是山东交通发展的关键时期，我们将以科学发展观为统领，以“三个服务”为总抓手，将 3 个方面的要求贯穿于交通各项工作，坚持科学发展、和谐发展、率先发展，努力实现交通由传统产业向现代服务业的转型。

紧紧抓住国家大力发展服务业的历史机遇，进一步理清发展思路，确定发展重点，咬定发展不放松，以行业整体实力的不断增强，努力体现交通行业基础性、先导性地位，为经济社会发展提供有力支撑。到“十一五”末，山东省将基本建成“三大网络”、“一个中心”。“三大网络”即布局合理、结构优化、四通八达的公路网络，设施完备、快速高效、安全舒适的运输服务网络，集中统一、功能齐全、灵敏高效的交通信息网络。“一个中心”即着力构建东北亚国际航运中心。

切实搞好交通结构调整。调整公路交通结构，着力解决高速公路密度不高、布局不尽合理、发展不够平衡等问题；调整水路交通结构，围绕建设以青岛港为龙头，烟台、日照港为两翼，半岛港口群为基础的东北亚国际航运中心，努力调整优化港口结构；调整道路运输结构，加快运力结构调整，鼓励发展高档、快速客运，大力发展厢式、集装箱运输，提高运力装备水平。

着力构建立体交通网络。我们将从节约资源能源、降低运输成本、发挥组合效率出发，在统筹公路水路交通协调发展的同时，主动加强与铁路、民航等部门沟通、协调和衔接，加强信息资源共享，合理调整公路、港口、站场布局规划，统筹公路水路交通与其他运输方式的协调发展，努力构建海陆相连、空地一体的立体化交通网络，实现公路、铁路与港口、站场无缝衔接，为建设综合运输体系做好充分准备。

围绕统筹城乡发展，尤其是服务社会主义新农村建设，我们将切实把加快农村交通建设放在突出重要的位置，充分发挥交通在促进城乡一体化进程中的桥梁和纽带作用。继续推进剩余建制村通沥青(水泥)路工程建设,扎实做好旧路改造,切实抓好农村公路养护管理工作,稳步改善陆岛交通条件,加快渡口改造、渡改桥建设,认真搞好农村交通运输工作。

我们将主动适应需求变化,强化民本意识,从最大限度地服务群众生产生活出发,统筹规划,科学安排,在不断增加交通有效供给能力的基础上,切实转变管理与服务理念,努力为人民群众提供安全、便捷、舒适、高效及多样化的运输服务,让群众出行放心、出行满意。

一是坚持安全、质量、廉政3个责任重于泰山,全力打造平安交通。把安全理念牢牢植根于交通规划、生产建设、管理服务各个环节,加大重点行业、重点领域和重点环节的集中整治力度,强化基层基础工作,健全安全生产长效管理机制,建立快速高效的应急反应和安全防控体系,提高事故预防、人命救助和事故处理能力,保障人民群众生命财产安全。

二是强化行业管理,建设服务型政府部门。加快交通部门职能转变,强化社会管理和公共服务职能,在服务中实施管理,在管理中体现服务,增强交通部门的行政执行力和公信力。积极推进交通决策的科学化、民主化,围绕建立完善决策目标、执行责任、监督检查3个体系,健全重大问题调查研究制度、集体决策制度、专家咨询制度、社会公示和听证制度,提高决策的透明度和公众参与度。

三是积极推行人本管理和人性化服务,创新交通公共服务体制。以提高惠民、便民能力为目标,健全完善惠及全民的交通公共服务体系,着力解决交通建设、运输管理中直接关系到人民群众切身利益的问题,最大限度地服务群众生产生活。从群众现实需要出发,合理布局营运线路,规范市场秩序,严厉打击违法和不正当竞争行为,维护合法经营者和旅客、货主的正当权益。完善运输服务设施,积极通过信息化手段提供个性化服务,推广应用公路水路管理信息系统、公众出行信息服务系统,方便群众出行。完善"一条龙、一站式"服务,提高服务效率。

# 紧紧围绕“三个服务” 深入开展管理年活动

（河南省交通厅厅长 安惠元）

在今年全国交通工作会议上，李盛霖部长对做好“三个服务”作了深刻阐述。河南省交通厅党组决定把2007年作为“交通工作管理年”，从以下六个方面抓落实、抓成效，努力为做好交通“三个服务”作出积极贡献。

第一，全面落实科学发展观，推进交通事业又好又快发展。在发展理念上，更加注重以人为本、好中求快、全面协调和可持续发展。在发展模式上，更加注重资源节约和环境保护，走资源节约型和环境友好型发展之路。在发展内容上，更加注重建设、管理和服务协调发展，促进量的增加和质的提升。在发展动力上，更加注重依靠创新，实现质量型、效益型增长。高速公路要坚持建管并重，实现规模领先、管理一流。干线公路要优化结构，完善提高服务水平。农村公路要坚持建管养运并重，实现全面协调发展。要加强公路运输场站和内河航运设施建设，优化交通发展结构。

第二，强化行业管理，全面提升交通行业管理水平。一要全面开展“文明示范路”创建活动。发挥典型示范带动作用，促进河南公路养护质量和服务水平全面提升。二要加强交通规费征收管理。强化人员培训，完善征稽网络，实施“无干扰稽查”，提高交通稽查的科学性和准确性。三要强化工程质量管理。优化设计，把好源头，加强对勘察设计工作的管理，强化对施工、监理、设计等从业单位的资质和信誉管理。加强工程造价管理，行使协调监督职能，建立完善的工程造价信息咨询体系，不断提供价格参数，为确定投资计划、工程结算等提供服务，为交通建设管理提供科学的监管依据。四要抓好安全生产管理。建立安全责任体系，加快公路、水运应急保障系统建设。加强工程建设安全管理，重点抓好高墩、大跨度桥梁和隧道作业的安全监管。加强水上安全监管和水上安全支持保障系统的建设，建立水上交通安全管理长效机制。加强渡口和旅游船只安全管理，继续进行渡口改造和“渡改桥”工作。

第三，建设创新型交通行业，为交通发展提供不竭动力。创新发展理念，把“以人为本”、“协调发展”、“可持续发展”作为交通发展的核心理念，贯穿到交通发展的各个方面。创新交通科技，提高交通管理科技含量。创新体制机制，促进河南交通向更高层次发展，必须切实消除制约交通发展的体制性、机制性障碍，增强发展的活力和动力，提高交通管理效能和服务水平。坚持政策创新，构筑更加完善的交通政策法规体系，切实做到依法管理、依法治交。

第四，切实加强运输管理，提高运输服务水平。在道路运输管理方面努力实现以下目标：市场准入标准规范，运力运量平衡发展；运输市场信用机制健全，运输信息系统完备；危险品运输安全规范，市场治理整顿有力；重点物资和紧急物资运输得到保障。

第五，加强行业精神文明和党风廉政建设，为交通又好又快发展提供坚强的政治保障。全省交通系统深入开展“学先进、树新风、创一流”活动，进一步完善行业文明建设的长效机制，提高全行业精神文明建设水平。不断加强基层党组织建设。重视交通宣传工作，加强对热点焦点问题的舆论引导，展现交通成就和时代风貌。充分发挥交通协会、工会、共青团、妇女组织的作用。关心离退休老同志、困难职工的生活，不断改善他们的生活条件。

第六，发扬求真务实精神，切实转变工作作风。进一步加强交通队伍建设。完善交通行业各类专业拔尖人才的培养选拔机制，大力加强全省交通系统运营管理和专业技术人才队伍建设。重视调查研究。围绕交通建设、管理和改革中的关键问题，完善调查研究制度，制定落实调研计划，有针对性地开展工作调研，提高调研成果质量。狠抓工作落实，建立健全绩效考核和工作督察制度，重实际，求实效，真正把各项工作落到实处，通过扎扎实实地做好交通“三个服务”，为实现中原崛起和促进河南经济社会发展作出积极贡献。

## 服务创新 和谐惠民

（湖北省交通厅厅长 林志慧）

服务是交通发展永恒的主题，创新是交通服务的不竭动力。湖北交通系统今年要通过服务创新，办好“十件实事”、力争“五大突破”、推进“四大工程”，唱响“三个服务”主旋律，促进湖北交通又好又快发展。

### 一是唱响“三个服务”主旋律，抓好“十件实事”促和谐

湖北省交通厅党组将今年定为“服务创新年”，以解决群众最关心、最直接、最现实的切身利益问题为切入点和落脚点，坚持从交通最薄弱的地方抓起，从畅通“绿色通道”、完善收费服务、组织农村公路建设技术培训、实施公路安保工程、加强农村公路客运和船舶运力发展引导、控制二级收费公路规模和收费站点、建立营运车辆 GPS 监控系统、普及客运站门检系统、推行“一站式”交通行政服务、完善公众出行信息服务系统十个方面入手，量化指标，努力办好与老百姓最直接相关的“十件实事”。目前，湖北各级交通部门已把“十件实事”作为解决群众“三最”问题的重点提上议事日程，将任务分解到各单位和个人，湖北省交通厅定期督办，务求实效。

### 二是紧扣“又好又快”新主题，力争“五大突破”强基础

近两年，湖北交通快速发展，今年将继续夯实服务基础，力争“五大突破”，注重环保节约，确保“一个降低”：全省交通固定资产投资规模力争突破 300 亿元，交通规费收入力争突破 100 亿元，高速公路通车总里程力争突破 2300 公里，新增通村沥青（水泥）路力争突破 18000 公里，全省港口集装箱吞吐量力争突破 50 万标箱，全省营运车船单位平均能耗下降 4%。

为实现上述目标，湖北省交通厅将在年内建成“九路一桥”597 公里，新开工高速公路 263 公里。加快武汉航运中心建设，优化船舶运力

结构，扎实推进水运振兴工程，充分发挥湖北水运优势。精心组织开展“交通规费稽查服务万里行”活动。建立征费协调联动机制，努力堵漏增收。注重环保降低能耗，积极探索建设节约型交通、环保型交通的新路子。

### 三是提高“支持保障”创造力，推进“四大工程”塑形象

继续推进“安全优质工程”。始终将质量、安全管理作为交通工作的重中之重，严格工程质量终生负责制和安全生产责任追究制，切实加强交通建设、运输市场监管，建立诚信体系。

继续推进“科教创新工程”。我们将以完善群众投诉渠道、如实公开涉及群众利益的项目资金、完整披露社会监督内容为重点，建设交通门户网站，全面推进交通电子政务公开；在积极引进、消化、吸收国内外先进成果的基础上，深入开展山区高速公路、长江大桥和航电枢纽建设技术研究，着力突破关键性技术，普及应用型技术，走科技引领交通发展之路。继续实施“百、千、万人才培养工程”，加大交通高层次技术人才、高素质管理人才和高技能紧缺人才培养力度。

继续推进“素质形象工程”。深入开展“学刚毅精神，创文明新风，建和谐交通”活动，倡导职工立足本职岗位，勇于服务创新，推进交通行业精神文明建设向纵深拓展。创新机制，重心下移，推动文明创建进乡村、进工地、进车船、进站所，大力弘扬“刚毅精神”，培养“刚毅式”职工，精心培育交通系统“十佳农民工”、“十佳养护能手”等十个“十佳”，最大限度调动交通干部职工的积极性和创造性。精心培育一批文明示范窗口、文明通村公路、文明农村客运示范线、文明车船港站等，提升湖北交通新形象。

继续推进“廉政阳光工程”。开展以“弘扬新风正气，抵制歪风邪气”为内容的廉政交通主题教育，营造“以廉为荣、以贪为耻、廉洁从政、从我做起”的良好氛围，深入开展交通建设领域商业贿赂专项治理工作，努力实现交通发展与廉政建设良性互动，为构建和谐交通提供坚强的政治保证。

# 服务富民强省　建设和谐交通

（湖南省交通厅厅长　欧阳斌）

在今年全国交通工作会议上，交通部部长李盛霖提出交通行业要努力做好“三个服务”。结合湖南实际，湖南省第九次党代会提出了“富民强省，又好又快”的奋斗目标。湖南交通做好“三个服务”，要落实到服务富民强省上，构建和谐交通。湖南交通服务富民强省，就是要想全局、抓大事、重实效、树形象，始终走在全省发展前列。

想全局，把本职工作放在全省大局、交通全局来考虑，强化全局观念。首先，想全省大局——“富民强省，又好又快”。坚持基础先行，紧紧抓住促进中部崛起和新农村建设的有利时机，围绕实现“十一五”交通发展目标，加大投入，加快交通基础设施建设，不断完善全省公路水路交通综合运输体系，形成承东启西、连接南北的开放型、跨区域性的交通网络枢纽，在加快富民强省的实践中发挥支持保障作用。其次，想交通全局，在当前交通发展形势较好的基础上，再接再厉，实现各项目标任务。着力构建和谐交通，努力办好“党政办交通、人民办交通、社会办交通”的交通综合频道，赢得良好的交通发展外部环境；形成风清气正、众志成城的发展氛围，营造良好的交通发展内部环境；弘扬“开路先锋”和“铺路石”精神，塑造良好的交通社会形象；建设资源节约型和环境友好型交通，力求人、车、路、船与自然和谐统一。从根本上讲，想全局就是把科学发展观贯穿于交通工作的始终，服务富民强省，推进湖南交通事业又好又快发展。

抓大事，把“十一五”“5＋3”总体目标装在心里，把“5＋3”年度目标拿在手里。“十一五”湖南交通工作可总结为“5＋3”。“5”就是完成五件大事：投资1 010亿元，推进高速公路建设，使我省高速公路通车里程达到3 500公里以上；投资292亿元，新改建6 000公里国省道干线公路；投资324亿元，新改建近11万公里农村公路；投资76亿元，建设湘江、资水等水运主通道；投资33亿元，建设和完善高速运输服务网络和农村客运网络。“3”就是“三个一”：抓好一支队伍，提高队伍素质；树立一个形象，展示行业风貌；建好一个新区，让大家安居乐业。

2006 年,我们顺利实现了"十一五"的良好开局。2007 年,全省交通建设计划完成投资 280 亿元,使建成和在建高速公路里程达到 3 500 公里,新增 6 800 多个建制村通水泥(沥青)路。

重实效,发扬交通人一贯具备的讲实话、办实事、重实效的好作风。注重有形的效果,抓好建设、养护、管理工作,给全省人民提供便捷、安全、舒适的出行条件;注重无形的效果、社会效果,通过实实在在的工作赢得人民群众和社会的好评。重实效先要出实招,我们要突出抓好四个环节:一是加快项目前期工作,充分调动各类型项目责任主体的积极性;二是加大筹资力度,继续完善征管机制,采取更加有力的措施招商引资,组织开展资产证券化运作研究;三是加强交通基础设施建设管理;四是加强公路航道管理养护。

树形象,全省交通系统的每个干部职工特别是领导干部,要时刻想到自己代表的是交通人的形象,树立好、维护好交通人的形象。领导干部要在四个方面当好表率:一要恪尽职守,二要改进作风,三要团结合作,四要廉洁自律。

# 坚持四个务必　实践“三个服务”　构建和谐交通

（广东交通厅厅长　张远贻）

今年是广东省全面落实科学发展观、加快构建和谐社会的重要一年，也是广东交通系统大力推进“三个服务”、实现交通事业又好又快发展的起步之年。广东省交通系统坚持以科学发展观统领全局，认真贯彻全国交通工作会议和广东省委九届十次全会精神，坚持统筹全局、改革创新、注重和谐、关注民生、求真务实的原则，坚持“四个务必”，做好“三个服务”，正确处理发展速度、质量、效益之间的关系，又好又快地推动广东交通事业全面、协调、可持续发展。

一是务必保持一种奋发向上的精神状态。全省交通系统干部职工一定要振奋精神、坚定信心，加强学习、提高素质、深入实际，争当落实科学发展观的行家里手。大力弘扬带有行业特色的“铺路石”精神，求真务实、勇于创新的科学精神，不畏艰险、勇攀高峰的探索精神，团结协作、淡泊名利的团队精神，激发广大干部职工工作积极性和创造性，使我们的干部职工队伍政治上更强、业务上更精、作风上更好，以奋发向上的精神状态完成今年交通工作任务。

二是务必做好“三个服务”，把认识统一到科学发展观上来。在建设创新型交通行业过程中，做好交通部提出的“三个服务”以及广东省直机关倡导的开展“三服务一促进”主题实践活动。服务国民经济和社会发展全局是交通工作的总任务。按照经济社会和改革开放的要求，抓好交通基础设施建设，加强能源、重点物资、农副产品的运输保障，做好抢险救灾的应急运输，实现货畅其流、人便于行，把运输保障和运输服务落在实处。服务社会主义新农村建设是交通工作的重中之重。积极落实中央建设社会主义新农村的部署和要求，从农村公路面广、量大、保通保畅任务重的实际出发，因地制宜地推进农村公路建设，解决好建养管运的问题。服务人民群众安全便捷出行是交通工作的根本要求。坚持以人为本，把安全放在交通工作的突出位置，既要重视交通基础设施建设中的安全监管，落实安全生产责任制，又要不断提高交通基础设施的安全性。

三是务必保持公路、航道、港口、码头等交通基础设施建设速度又好又快增长，确保适度超前。根据广东省委、省政府《关于加快交通业发展的意见》提出的发展目标，到2010年全省要基本建成高速公路主干线骨架及公路网、高等级航道网等交通网络。根据这一目标，各地要切实采取有力措施，加快交通基础设施建设。今年，要确保实现以下目标：全省交通建设完成投资485亿元，其中公路建设完成投资330亿元，港口和航道建设完成投资147亿元。重点推进广深沿江等高速公路项目建设，新开工建设高速公路里程600公里；国省道改造完成500公里，完成镇通建制村公路路面硬化7 000公里。加快粤北山区、东西两翼区域干线和农村公路建设，提高全省的路网密度和通达率；加快广州、深圳等市一批国家和省市级公路运输枢纽建设；加快以广州等沿海主要港口为中心的港口体系建设以及结构调整和资源整合的步伐，重点建设集装箱、原油和金属矿石、煤炭码头。加快航道建设步伐，抓紧开工东平水道等项目；加快航道前期工作，力争年内全面完成"十一五"计划开工项目的前期工作。开展"十二五"航道建设目标、任务的分析研究工作，编制好发展规划，做好项目储备。

四是务必坚持尽力而为、量力而行的原则，确保以路面质量为中心的要求落到实处。建立健全有效的质量保证体系和质量监控体系，严格落实工程质量责任制。加大对从业单位履约情况、施工现场质量保证体系的监督检查力度。更加重视建设过程中控制成本，在设计上树立全寿命周期成本理念和合理设计、合理造价理念，综合考虑使用期的维修养护成本。从规划到施工，始终坚持土地资源和岸线资源有效利用的原则。积极采用节约、环保的新技术，提高资源能源使用效率。通过强化管理保质量，重视过程控成本，节约创新促提高，促进广东交通建设管理上新台阶。

# 强化服务　好中求快　努力建设发达的现代交通

（广西壮族自治区交通厅厅长　黄华宽）

交通部党组提出"三个服务"的理念，既是对多年来交通实践经验的总结，也是对交通发展规律认识的深化，更是对交通工作全面落实科学发展观本质要求的新认识。正如李盛霖部长指出的，交通运输提供的生产性服务，面向国民经济的所有生产部门；提供的消费性服务，是面向千家万户的普遍性服务。我国的服务业正在由传统产业向现代产业迈进，交通是传统产业，如何向现代服务业转型目前还没有破题；建设综合交通运输体系已经成为交通发展的迫切要求，但还没有探索出有效途径。尤其是随着人民生活水平的提高，安全、便捷、舒适、高效及个性化需求增强，对交通提出了新的要求。

服务国民经济和社会发展全局，是交通工作的总任务。就广西而言，交通发展就是要按照自治区党委、政府的总体思路和广西发展的全局来考虑。当前，广西交通发展正处在一个前所未有的重要历史时期。面对新的机遇和挑战，我们一定要统一思想、提高认识、认清形势、把握大局，进一步增强抢抓机遇、加快发展的紧迫感、责任感和使命感。为提升广西交通运输在全国的地位和作用，广西将以建设国际大通道和区域性交通枢纽为目标，逐步建成"一枢纽两大港三通道四辐射"的国际大通道体系和区域性交通枢纽体系，以服务广西、西南地区和整个国家的对外开放和经济发展。

服务社会主义新农村建设，是交通工作的重中之重。广西要从农村公路面广、量大、保通保畅任务重的实际出发，因地制宜地推进农村公路建设，解决好建养管运的问题，为农村经济发展、农业产业结构调整、农民增收提供良好的交通条件。进一步打破县与县之间农村公路不通、交流不畅的格局，真正体现交通服务社会主义新农村建设的要求。

服务人民群众安全便捷出行，是交通工作的根本要求。广西要把安全放在交通工作的突出位置，既要重视交通基础设施建设中的安全监管，落实安全生产责任制，又要不断提高交通基础设施的安全性，让人民群众出行放心；要不断增加交通有效供给能力，不断提高运输服务的效率、质量和水平，让人民群众出行满意。

多渠道筹措资金，是实现交通又好又快发展的基础和关键。广西今年要完成180亿元以上的投资任务，力争达到200亿元，自治区本级需要筹资40亿元左右，而我们能拿出的资金非常有限，资金供求紧张仍然是交通加快发展的主要矛盾。为此，我们要进一步解放思想，走改革创新之路，积极探索新的融资渠道和融资方法，牢固树立建设节约型行业的新理念，狠抓增收节支工作。

一是进一步加大规费征收力度，加强宣传，落实措施，深挖潜力，创新服务理念和征管理念，强化管理、堵塞漏洞，努力实现全年各项交通规费征收完成56亿元以上，比上年增长10%以上。

二是根据交通部“四个重点”和“两个倾斜”的资金补助新思路，以及中央投资的方向，利用广西是西部地区和建设出海出边大通道等区位优势，特别是中央领导高度重视广西交通发展的契机，积极争取国家更多的补助资金。

三是积极落实与金融机构签署的金融合作意向（备忘录），努力推动重点公路项目特别是农村公路项目信贷资金及时落实到位。

四是积极推进交通建设投融资体制改革，搭建新的投融资平台。加快组建广西交通投资集团公司，继续把建设条件成熟、前期工作到位的高速公路项目推向市场，慎重地选择合作伙伴，确保实现共赢。

五是狠抓增收节支工作，及时总结、交流、推广相关单位增收节支经验，探索在交通领域建立循环经济的模式，提高交通行业总体经济效益。

六是健全交通资金监管制度和约束机制，加强财务管理和内部审计工作，提高资金的安全性和使用效益。

# 立足“三个服务” 推进交通综合运输体系建设

（海南省交通厅厅长 王 勇）

为实现海南交通事业又好又快发展，必须立足“三个服务”，重点抓好农村公路、国道主干线改造、港航业和跨海通道工程及交通体制改革，加速推进交通综合运输体系建设。

加快农村公路建设。近几年来，在文明生态村建设中，海南农村公路建设对推动以“乐在农家”休闲游为主要特色的乡村旅游起到了积极作用。一大批农村客运站场正在规划、建设之中，城乡客运一体化进程加快推进。根据海南省建设社会主义新农村的总体部署，“十一五”期间，海南省交通厅将完成投资 116 亿元。到 2010 年，全省新建、改造农村公路一万公里，实现全部乡镇通沥青（水泥）路，85% 的建制村通沥青（水泥）路，80% 的建制村通班车。

加快国道主干线等重点项目的改造和建设。农村公路要更好地服务新农村建设，路网是重要的基础支撑，必须与主干线形成一个网络。“十一五”期间，海南将重点推进全省公路网建设，包括海榆东线、西线两条国道的改造。在交通部的大力支持下，海榆东线今年 4 月已开始改建，明年可完工。海榆西线的设计等工作正在加紧推进。此外，海口绕城高速公路部分路段年内可通车，三亚绕城高速公路今年下半年可动工建设。同时，还要加强东环铁路、西环铁路、开发区、工业园区以及港口连接线的建设，提高公路网的服务能力。

把港航业建成海南的支柱产业。“十一五”期间，海南将建设港口项目 8 个，新建泊位 28 个，新增年吞吐能力 3 768 万吨；加上“十五”时期 11 个项目完工，全省泊位将达到 169 个，总年吞吐能力达 9 694 万吨，实现翻一番的目标。大力发展港口经济。今年“两会”期间，李盛霖部长在参加海南代表团座谈时表示，要对海南港口建设给予大力支持。我们将尽快确定全省港口布局，尽快审批海南省港口布局规划。要按照海南省委、省政府提出的“依托洋浦港，实现‘港区联动’，把洋浦港建设成为具有一定国际竞争优势的石油化工基地、石油商业储备基地、林浆纸一体化产业基地，成为面向东南亚、连接北部湾、背靠华南腹地的区域性物流和航运中心”的要求，做好交通服务重点项目、重大企业、重点工业园区建设的大文章，争取交通部对建设洋浦开发区快速干线公路的支持。

积极推进琼州海峡跨海公路通道项目前期研究。我们要在交通部的领导下，尽早确定前期工作的组织管理体制等问题，抓紧启动项目前期工作。建立相互协作机制，积极配合，共同推进项目前期工作，争取“十一五”期末完成项目预可行性研究报告，如条件成熟，报国家批准立项。同时，切实加强海南与广东在综合交通设施领域的合作。

创新交通体制，激发行业活力。近年来，海南省交通厅大力推进政府职能转变，创新管理体制，如调整了厅机关和厅直属单位职能，实现了“上与交通部对口、与兄弟省市交通主管部门相一致”的目标；理顺了省市县公路建管养体制，建立了分级管理、分级负责的新模式；扭转了省交通厅多年来公路建设“一统天下”的局面，以代建制为切入点，全面推行公路建设市场化。目前，海南省公路设计、建设、监理都实行市场化运作，并取得了良好效果。

今后，在进一步建立和完善现行交通体制的基础上，我们将继续以服务“三农”为立足点，加强陆海主通道、公路主骨架、农村路网及农村客运站场的规划、建设，协调好与航空、铁路、港口等主要运输方式的有效衔接，为构建海南交通综合运输体系创造条件。

# 围绕“三个服务” 打造长江上游交通枢纽

（重庆市交通委员会主任 丁 纯）

努力做好“三个服务”，推进交通事业又好又快发展，是交通部在认真总结历史经验、准确把握行业规律的基础上，对交通长远发展的战略思考。要实现把重庆打造成为长江上游综合交通枢纽的宏伟目标，在当前和今后一段时期，重庆交通系统必须围绕“三个服务”，着力在以下几个方面下工夫：

一是要积极行动，贯彻落实“314”总体部署。胡锦涛总书记要求重庆率先在西部地区实现全面建设小康社会的目标，指明了“三个定位、一个目标和四大任务”的发展方向。这意味着，重庆要在2020年实现建成长江上游的综合交通主枢纽，现代农业、工业、科技创新及高新技术产业基地，金融、物流商贸、教育文化中心以及城乡共繁荣的新型城镇化体系的目标。要完成上述任务，交通应该发挥更加重要的作用，交通行业应担负起更为重大的责任。近期，尤其要以贯彻胡总书记的重要讲话为主线，围绕市委、市政府打好“库区牌”、“直辖牌”的总体要求和努力建设“1小时经济圈”、“城乡统筹发展实验区”的总体规划，对交通规划作进一步的修改和完善；进一步争取交通部等国家有关部委对重庆交通工作的政策和资金支持，重点加大重庆长江上游航运中心建设、农村公路建设和高速公路断头路建设，早日把重庆建成长江上游的综合交通枢纽。

二是要调整发展结构，注重落后地区以及重点区域的交通发展。抓好投资结构、基础设施结构和运输结构三个层面的优化与调整。就调整投资结构而言，要突出“三个重点地区”，即三峡库区及渝东南贫困地区、六个区域中心城市和“1小时经济圈”。对于“1小时经济圈”的交通发展，我们要提前谋划、通盘考虑，加快清理、调整“1小时经济圈”区域内的公路水路交通规划，及早储备好建设项目。同时，加快目前已开工的高速公路、干线公路、农村公路、港口码头的建设进度。

三是要强化行业监管，规范市场秩序。要进一步完善“四大体系”：一是综合运输体系。加强公路、水路与铁路、民航、轻轨等运输方式的衔接，优先发展城市公交。二是安全保障体系。把安全理念贯穿于交通规划、生产建设、管理服务的各个环节，建立快速高效的应急反应和安全防控体系。三是质量保证体系。在交通工程建设中，建立健全行业管理部门、项目法人、社会监理、施工企业齐抓共管的质量监管机制。四是公路管养体系。尽快建立“职能清晰、权责统一、运转协调”的管理体制，加大养护投入，积极研究预防性养护机制，稳步推进公路养护运行机制改革。

四是要转变部门职能，满足公众需求。要始终将“以人为本”作为交通的核心价值，健全惠及全民的交通公共服务体系，建立和完善“重庆交通政务信息网”和公路、运管、港航等公众信息服务平台，推行行政审批网上办理、群众投诉网上受理，抓紧完善电子地图，加快高速公路服务区建设，进一步优化公交站场资源配置和线网布局，做好高速公路和国省道养护维修作业期间的运输组织，高度重视交通信访工作。

五是要优化发展环境，发挥市场调节作用。按照重庆市委“执政为民、服务发展”学习整改活动提出的“牢固树立五种观念，大力解决五大问题”的要求，继续深化行政管理体制改革，着力提高管理效能。首先，继续精简行政审批程序。其次，尽可能下放审批权限。第三，着力规范办事程序。第四，转变管理观念。第五，进一步开放市场。

六是要着眼行业创新，注重科技引领和集约发展。按照交通部《建设创新型交通行业指导意见》，大力推进理念创新、科技创新、体制机制创新和政策创新。努力推动科技创新体系建设，切实调整优化交通能源消费结构。合理开发和节约使用各种自然资源，提高土地、岸线、航道的利用效率。大力发展交通循环经济，努力建立低能源消耗、低资源占用、低环境污染、低使用成本的公路水路交通系统。

# 牢记行业属性　不辱行业使命

（四川省交通厅厅长　吴果行）

在今年全国交通工作会议上，交通部党组明确提出了做好“三个服务”的要求，“服务”是交通行业的基本属性，我们应时刻牢记；服务国民经济和社会发展全局、服务社会主义新农村建设、服务人民群众安全便捷出行，是交通行业的使命，我们要不辱使命。

要做到不辱使命，就要在工作思路上，努力实现服务创新。实现服务创新，就要运用现代科学技术和管理技术，逐步实现交通由传统产业向现代服务业的转型，找准着力点，调整发展思路，实现交通由外延式的粗放型增长向内涵式的集约型增长转变；要站在经济社会发展全局的高度、站在社会公众的角度审视交通，强化“三个服务”，注重服务内容和服务方式的创新，实现服务能力和服务水平的提高。

第一个服务是总任务。首先要强化责任意识。要在全面建设小康社会、构建社会主义和谐社会和社会主义新农村建设中发挥先行作用，在节约资源和保护环境上作表率，在自主创新和解决民生问题中发挥积极作用。二要强化中心意识。要保证四川省委、省政府和交通部作出的决策部署及各项要求在交通工作中得到生动体现，保证交通基础设施建设始终服从和服务于全省经济发展的中心工作，保证法规政策在行业管理中得到全面落实。三要强化保障意识。加强重大装备、农副产品、重点物资的运输保障，抓好重点时段和恶劣天气下的旅客运输，保障运输通畅。通过“三个强化”，更好地服务经济建设和社会和谐发展。

第二个服务是当前工作的重点。做好这个服务，一要认真贯彻落实好党中央和国务院的战略部署、交通部和四川省委、省政府的方针政策。二要从政策、资金、制度上构建农村公路建管养运一体化发展的保障体系：继续完善自上而下的宣传动员机制，充分发挥政府的主导作用和交通部门的职能作用，调动广大农民群众的积极性；完善自下而上的民主决策机制，坚决不修农民不愿修的路，坚决不安排未经群众民主决策的项目；完善公开透明的群众监督管理机制，在公开、公正中促进农村公路建设质量的提高；完善全社会支持和参与的援助机制，弥补农村公路建设资金的不足。在这方面，我们要大力全面推广“自下而上”民主决策的仪陇经验和“建管养运一体化”发展的元坝模式，并鼓励各地积极创新发展经验。三要加快农村公路建设项目前期工作，建立农村公路建设项目库，严格“三张表”审查，保证农村公路“自下而上”的决策机制真正落到实处；加大培训和指导力度，制定和落实分级培训计划，建立省市分片区督导工作制度；贯彻执行农村公路项目管理以及招投标、质量和资金管理制度，发挥专业监督和群众监督的作用，提高农村公路建设管理质量。四要为实现目标努力奋斗。今年，四川省要完成农村公路建设总投资 75 亿元以及 1 万公里通乡通村公路和 300 个乡镇客运站的建设任务。

第三个服务是对交通工作的根本要求。做好这个服务，一要建立关注民生、公开公正的交通资源配置体系，让四通八达的公路网络覆盖城乡，让公交化的运输服务深入乡村，让人民群众最关心、最直接、最现实的交通需求得到满足，让城市和农村的广大人民群众都能很好地享受到交通发展的成果。二要建立运力充足、结构合理、服务优良、市场规范的旅客运输服务体系，让人民群众出行更加满意。三要建立快捷、便利的公众出行信息服务系统，让人民群众出行更加方便顺畅。四要建立责任落实、监管有力、条件完善的交通安全保障体系，让人民群众出行更加安全放心。

# 四项措施推进贵州交通事业又好又快发展

（贵州省交通厅党组书记　彭伯元）

2007 年全国交通工作会议上，李盛霖部长系统阐述了“三个服务”的发展理念，明确了做好“三个服务”的要求，这是指导和推进贵州交通事业在“十一五”乃至更长时期又好又快发展的重要原则。

贵州是全国惟一没有平原支撑的西部省份，经济欠发达，交通建设起步较晚。只有加快以公路为重点的交通基础设施建设，才能改变山区受自然条件制约的现状，提高贵州对外开放水平。截至 2006 年年底，贵州省公路通车里程达 4.7 万公里，仍不能适应经济社会快速发展的需要。我们一定要立足“三个服务”，进一步增强抢抓机遇、加快发展的紧迫感、责任感和使命感，积极应对挑战，创新发展思路，调整交通结构，转变增长方式，强化行业管理，推进交通各项工作又好又快发展。

一是创新发展思路。牢固树立“交通引领经济”的观念，在制定路网发展规划和建设标准时，必须综合考虑区域经济的宏观布局和城市发展的长远规划，通过发展交通促进流通，推进区域经济社会的快速发展。把交通提升到“引领”的高度，更加突出交通在经济社会发展中的作用和地位，并对交通规划发展提出更高要求。在加快完善区域路网结构、提高路网等级标准和通达深度的同时，大力抓好出口快速通道的建设，特别是抓好与发达地区的快速连接，以更好地承接发达地区的经济辐射带动作用。

二是加快结构调整。紧紧围绕服务国民经济和社会发展全局、服务社会主义新农村建设、服务人民群众安全便捷出行，优化与调整交通投资结构、基础设施结构和运输结构。

交通固定资产投资要突出向重点项目和农村公路两个重点倾斜，根据全省经济社会发展和改革开放的要求，统筹规划、科学安排、强化管理，加快交通基础设施建设，实现覆盖面更广、服务水平更高的货畅其流、人便于行。按照贵州省社会主义新农村建设的总体部署和要求，因地制宜推进农村公路建设，大力提高公路通达率和通畅率，解决好农村公路建管养运问题，为农村经济发展、农业产业结构调整、农民增收提供良好的交通条件。

基础设施结构调整是公路水路交通产业升级的重点,特别要重视薄弱环节的建设。运输结构调整要引导运输管理、运输组织结构和运力结构向信息化、专业化、规模化方向发展,促进运输产品多样化。积极做好各种运输方式的衔接,促进综合运输体系的完善,为经济社会健康有序运行提供畅通有效的运输服务。

三是转变增长方式。依靠科技进步、优化资源配置、提高运输效率、创新管理模式以及提高人的素质,实现由粗放型增长转变为集约型增长。高度重视能源、资源、环境对交通发展的刚性约束,切实摆正交通发展与资源节约和环境保护的关系,把资源节约、环境友好作为推动交通增长方式转变的重要方式,走出一条资源节约、环境友好的交通发展路子。加快研究制定各项有效措施,下最大决心、用最大气力,科学合理利用土地等资源,切实保护环境,加强节能降耗,发展交通循环经济,推进交通可持续发展。

四是强化行业管理。综合运用法律、经济和必要的行政手段,培育和建立统一开放、竞争有序的交通建设和运输市场。加快政府职能转变,强化交通社会管理和公共服务职能,建设服务型政府部门,在服务中实施管理,在管理中体现服务,增强政府交通部门的行政执行力和公信力,推进交通政务公开,规范行政权力运行。创新交通公共服务体制,健全完善惠及全民的交通公共服务体系,着力解决交通建设、运输管理、安全监管中直接关系到人民群众切身利益的问题。把安全理念牢牢贯穿于交通规划、生产建设、管理服务各个环节,建立快速高效的应急反应和安全防控体系,提高事故预防、人命救助和事故处理能力,为广大人民群众安全便捷出行提供满意、放心的运输服务。

# 努力做好“三个服务” 适应云南经济社会发展需要

（云南省交通厅厅长 杨光成）

今年全国交通工作会议上，交通部党组提出了“三个服务”的战略指导思想，我们将结合云南交通实际，做好“三个服务”，促进全省交通又好又快发展。

云南省目前已进入了人均国民生产总值由 1 000 美元向 3 000 美元过渡的重要历史时期，全面建设小康社会、构建和谐云南的进程也在加快，这既是一个发展的黄金期，又是一个矛盾的凸显期。交通发展既有良好的机遇也面临严峻的挑战。

云南交通发展前景广阔，但由于受到土地、环境、资源、能源的制约和长期积淀下来的一些问题的困扰，交通发展进程中还存在一系列必须解决的矛盾和问题，这要求交通必须顺应这种新变化、新形势，坚持理念创新、科技创新、体制机制创新和政策创新，做好“三个服务”，优化资源配置，由偏重“量”的增长，到追求“量”和“质”的统一，实现规模、质量和服务的协调发展。

我们认识到，新时期加快交通发展不仅仅是加快基础设施建设，还要注重基础设施服务的质量和水平，不断拓展发展的内涵。做好“三个服务”，本质上是发展，我们不仅需要质量效益和规模速度相协调的发展，更需要主动适应经济社会发展新要求，促进交通更好更快的发展。没有基础设施“量”的规模，就没有做好服务的基础，反之，光有基础设施规模，不注重加强管理、提高服务水平，不仅现有的建设成果不能发挥应有效益，更谈不上做好服务。

做好“三个服务”，必须落实在交通工作的实践中。今年的全省交通工作会上，我们提出了 2007 年全省交通工作的八项主要任务，就是“四个加强”和“四个提高”，即加强重点项目管理、加强农村交通建设、加强运输市场监管、加强政策法规研究；提高行业管理水平、提高交通创新能力、提高安全监管实效、提高文明创建水平。

落实好这些工作任务，加快交通基础设施建设，提高行业管理水平，就能为全省经济社会发展、新农村建设和人民群众的出行提供更好的交通运输条件,就是落实了“三个服务”的要求。今年2月,云南平远街至锁龙寺、昆明至安宁两段高速公路先后建成通车,为打好国道主干线建设攻坚战奠定了基础,为今年年底全面完成国道主干线建设任务开了个好头。为加快农村公路建设,云南省政府正式成立了农村公路建设领导小组,由分管交通的副省长任组长,在省交通厅成立了办公室,为加快云南的农村公路建设提供了有力的组织保障;按照云南省政府的部署,3月份,我们启动了七彩云南保护行动,把保护高速公路沿线生态功能、沿线民风民俗作为七彩云南保护行动的重要内容,努力建设资源节约型、环境友好型公路。

最近,为贯彻落实十届全国人大五次会议精神,我们又提出了从五个方面更加注重抓好交通工作。一是要更加注重农村公路工作,今年要在交通部的支持下,完成20 000公里农村公路的改造任务,尽快改变农村交通落后的面貌,为社会主义新农村建设提供更好的交通运输条件;二是要更加注重国道主干线建设和国际大通道建设,千方百计加快我省在建的15个项目的施工进度,加强质量管理,确保完成国道主干线建设任务,同时进一步加快国际大通道建设的步伐;三是要更加注重交通行业管理,针对目前交通行业管理工作中的薄弱环节,加强政策法规研究,全面搞好工程建设质量、安全、运输和建设市场秩序、公路管理养护、前期工作等行业管理工作;四是要更加注重构建和谐交通,努力做好各种矛盾纠纷的调处工作和交通信访工作,做好各方面的协调工作,为交通改革与发展创造良好的社会环境,构建和谐交通;五是要更加注重干部作风建设,加强对领导干部的培养教育,提高他们的政治思想素质和业务素质,切实转变工作作风,为交通又好又快发展提供保障。

# 着力三个提高　注重四个坚持　推进四个建设

（西藏自治区交通厅厅长　赵世军）

"十一五"期间，西藏交通在自治区党委、政府正确领导和交通部等国家有关部委的大力支持下，将继续加快交通基础设施建设，确保交通健康稳步协调发展。

## 着力三个提高，强化服务水平

加快和提高公路建设水平。重点整治国省干线公路，加快通县沥青（水泥）路、重要经济干线、口岸、边防公路、农村公路建设，力争到2010年全区公路通车里程达到5万公里，拉萨至6个地区基本通沥青（水泥）路，扎木至墨脱公路基本实现全年通车，59个县通沥青（水泥）路，乡镇和建制村的公路通达率力争达到99%和80%以上，具备条件的边防站点通公路，拉萨公路主枢纽和二类公路枢纽场站基本建成。

努力提高公路养护管理水平。进一步加强国省干线公路养护管理工作，积极推行养护运行机制改革，努力提高安全服务水平和抢险保通能力。将农村公路全部纳入全区公路养护管理范围。

不断提高行业管理和服务水平。加快交通立法，推进依法行政，规范管理手段。

## 注重四个坚持，强化发展功能

坚持建、管、养、运全面协调发展。在继续抓好公路建设的同时，进一步加强公路养护管理，加快场站建设，完善服务网络，高度重视农牧区道路运输市场开发，放宽准入标准，做到路通车通。

坚持国、省道和农村公路协调发展。在重视国省干线公路建设的同时，继续加快通县沥青（水泥）路、农村公路和交通相对落后的藏东、藏西地区公路交通建设。

坚持交通快速、持续健康发展。牢固树立环境保护意识，进一步强化交通建设的环境保护措施，完善公路建设、养护管理和道路运输工作中的环境保护制度。

坚持科教兴交、人才强交战略。全面提升科技创新能力和服务管理水平，建设创新型人才队伍，完善教育培训机制，为交通跨越式发展提供智力支撑和人才保障。

## 推进四个建设，强化健康发展

建设和谐交通。争取国家对西藏交通建设的更大关心和支持，继续取得兄弟省（区、市）的支援，全面落实“十一五”规划。加强同自治区有关部门和各地市间的沟通协调。高度重视道路运输和工程建设领域的安全生产工作，强化安全生产责任，确保各项工作安全有序。

建设惠民交通。选好项目，合理造价，多修实用之路，使有限的投资发挥最大效益。在公路建设中吸纳农牧民劳动力、机具、自采材料，促进农牧民群众增收。加大对企业的指导监管力度，继续深化改革，不断提高经济效益，增加职工收入。重视建设领域拖欠农民工工资和工程款问题，积极研究治本之策，建立长效机制。

建设文明交通。激发各级交通部门和从业人员的积极性、主动性和创造性，增强全行业的凝聚力和战斗力。

建设廉政交通。逐步建立起思想道德教育的长效机制、反腐倡廉的制度体系和权力运行的监控机制，向社会充分展示交通行业的清廉形象。

# 强力进取　强势攻坚　全面增强交通服务能力

（陕西省交通厅厅长　曹　森）

交通部党组提出“三个服务”的理念，强有力地凸现了交通在和谐社会建设中的基础产业属性，明确了交通适应和谐社会的前瞻定位，集中反映出以人为本的科学发展观，在交通领域激发出无限的思想活力，对全国交通又好又快发展具有重要指导意义。

今年，陕西全省交通投资要冲刺300亿元，全面贯通国道主干线，高速公路通车里程要突破2 000公里，登上“三阶段”目标的第一道分水岭。要完成这些艰巨的任务，我们不仅要知所为，而且要知所以为，这个咬定目标、吃透任务的过程，就是提高交通“三个服务”水平、推进交通又好又快发展的过程。

第一，把握新一年的工作，进一步做好“三个服务”，从构建和谐社会的高度认清我们的使命，加快交通发展，增强交通有效供给能力。

一切为了人民是“三个服务”新理念的灵魂。交通建设者、管理者，要更主动地从交通需求的角度，换位思考交通的有效供给问题。这种观察问题着眼点的转变，将改变整个行业的评价体系，真正做到跳出交通看交通。交通部和各省（区、市）交通厅都在丰富“三个服务”的内涵与落实途径，这是整个交通行业和谐奋进的体现。

第二，更加坚定地推进改革创新，深入建设负责任的行业，全面增强交通工作的社会公共服务功能。

“十一五”以来，陕西交通厅党组思考最多的，就是行业管理与行业发展如何同步的问题，在行业管理理念上，树立起两种强烈的责任意识。

第一种意识：建设负责任的行业，必须有一种强烈的大发展意识。两年来的“南征北战”，让陕西高速公路的龙头强有力地扬了起来。2007年我们将进一步冲刺一年建成420公里高速公路的新目标，2008年、2009年每年都要建成超过400公里高速公路，这是破纪录的大跨步。

我们在农村公路建设上，第一次拿出上千万元的专项奖金，重奖通村公路建设先进市县，擂响了新一年通村公路奋勇争先的战鼓。2007年，全省农村公路建设，除了将保持50亿元的高水平外，还将专项投入3亿元全面加强农村公路养护管理。同时，建成2 000个建制村公路乘车招呼站。

我们坚决打破公路大中修多年来“东一榔头、西一棒槌”的零敲碎打局面，用前所未有的气力，实行公路养护按需投入，对几条“补丁摞补丁”的高速公路实施彻底的大修改造。2007年，公路大中修一年投入30亿元，公路失养失管的状况正逐步得到改善。

第二种意识：建设负责任的行业，必须有一种强烈的大服务意识。适应和谐社会的交通，必须注重服务理念的确立与彰显，只有构建起一个与交通建设相匹配的大服务氛围，交通发展水平才能实现质的提升，真正体现出又好又快发展的内涵。今年，我们要深入创新交通投融资体制，处理好交通建设公益性与商业资本逐利性的矛盾，使交通建设的磁场，更加充分地附着于社会大市场，努力实现新的共赢共荣。

第三，更加理性地树立和谐社会核心价值观，志存高远，脚踏实地，矢志不渝地在交通大发展中实现人生价值。

一是分解细化目标责任，推进各项重点工作的落实；二是从重点、难点问题入手，突出抓好全年重中之重的火车头任务；三是深入推行考核问责制度，实打实地体现制度的刚性。

实践告诉我们，搞好交通工作，不怕任务大，就怕没标尺；不怕要求高，就怕没责任；不怕担子重，就怕没奖惩。我们这届厅党组，无私更无畏。该问责，就要一问到底，问出一个众目睽睽下的天理良心来。

# 坚持“六个统一” 探索甘肃特色的“三个服务”之路

（甘肃省交通厅厅长 杨咏中）

交通部党组提出的“三个服务”新理念，既是对多年来交通发展实践经验的总结，也是对交通工作本质属性的科学定位和理论阐释，更是对交通系统全面落实科学发展观基本要求的新认识。为了切实把“三个服务”的要求落实到各项工作中去，推动甘肃交通工作全面转入科学发展的轨道，在今后的交通工作中，我们要坚持做到“六个统一”，不断探索具有西部特色的交通“三个服务”之路，为实现全省经济社会又好又快发展提供坚强的交通运输保障。

一是坚持在又好又快发展中实现交通建设与服务的统一。甘肃是西部欠发达地区，加大建设的步伐、加快发展的节奏始终是交通工作的主旋律。交通工作只有保持较快的建设速度，才能完成“十一五”规划的各项目标任务，才能适应经济社会发展的需要。而只有不断扩大交通服务业市场主体总量，提升交通运输产业层次和服务质量，才能将交通服务于人民群众安全便捷出行的根本要求落在实处。

二是坚持交通重点项目与农村公路建设的协调统一。坚持发展、抓项目不动摇是甘肃加快发展的根本保证，坚定不移地推进农村公路建设是建设社会主义新农村的必然要求。我们将继续坚持“抓两头、带中间”的工作思路，即抓好高速公路网建设和农村公路网建设，带动国省干线公路网改造。在主动配合国家发展战略的实施，继续保持主骨架公路和重要运输节点建设又好又快局面的同时，进一步落实责任，筹措资金，着力推进以通达工程为着力点的农村公路建设，实现高速公路网与农村公路网的有机衔接。

三是坚持交通发展与自然环境的和谐统一。甘肃省生态环境脆弱，自然条件差，土地、环境对交通建设的约束强。因此，处理好交通建设与土地资源紧缺的矛盾，合理使用资源，有效保护环境，是贯彻“三个服务”的重要任务。在交通规划、设计、建设和运营的各个环节，要始终贯彻落实好最严格的耕地保护政策和环境保护政策，提高对土地资源的有效利用程度，逐步使交通成为一个低能源消耗、低资源占用、低建设成本、低使用成本和低环境污染的行业，使交通建设与周边自然环境保护紧密结合、协调发展。

四是坚持交通建设进度、质量、安全、效益的有机统一。建立健全有效的质量保证体系和质量监控体系，严格落实质量责任制，建优质工程、放心工程和人民群众满意的工程是今后一段时间我们工作的重点。在着力加强质量管理的同时，针对交通安全工作存在的突出问题和薄弱环节，进一步完善和健全安全生产体制、机制，落实安全生产责任制，坚决杜绝群死群伤等重特大安全事故发生，实现交通事业安全发展。

五是坚持交通发展与改革的协调统一。针对交通发展的体制、机制性矛盾，逐步解决高等级公路分头建设、多头管理、资源分散等问题，建立新型高速公路养护体制。加快农村公路养护管理体制改革，建立健全以县为主的农村公路管理养护体制和运行机制。突出重点，稳步实施，有序推进，不回避矛盾，不遗留问题，正确处理好改革、发展、稳定的关系，力求在交通重点领域和关键环节的改革中取得更大进展，为交通发展创造良好的体制环境。

六是坚持交通发展与关注民生的有机统一。甘肃现在处于交通大建设时期，交通项目建设是拉动全省经济增长的重要力量。交通在加快发展的同时，要始终把群众的利益放在第一位，对群众的利益诉求要考虑周全，对群众的损失要补偿到位，通过制定行之有效的规章制度，坚决杜绝拖欠工程款和农民工工资等侵害群众利益的现象。把为广大人民群众提供良好的交通运输服务作为工作的出发点和归宿，以人民群众是否满意作为交通工作的最终评价标准，努力提高交通的综合服务水平。

现在正是甘肃交通事业兴旺发达的最好时期，也是交通系统广大干部职工大有作为的最好时期。我们要正确认识和把握全省交通发展面临的新形势，以做好“三个服务”为目标，坚定不移地加快甘肃交通发展步伐，为构建社会主义和谐社会作出新的贡献。

# 落实“三个服务” 开创交通事业发展新格局

（青海省交通厅厅长　周建新）

在全国上下树立和落实科学发展观、构建社会主义和谐社会的新的历史时期，交通部党组提出“三个服务”的观点，这是总结长期以来交通发展历史，在科学发展观指导下，对交通历史使命的高度概括和提炼，为全国交通行业落实科学发展观、促进交通又好又快发展指明了方向，注入了活力。我们要在具体工作中夯实服务基础，拓宽服务领域，丰富服务内涵，强化服务质量，提高服务水平，全面贯彻落实“三个服务”，开创交通事业发展的新格局。

第一，提升“三个服务”水平，让人民群众共享交通发展成果。立足青海实际，抓好公路水路交通基础设施建设，继续提高“通达”和“通畅”水平，加强重点物资、农副产品、工业产品的运输保障，做好应急运输服务，实现通畅水平更高、覆盖范围更广的货畅其流、人便于行，服务全省经济社会发展全局；因地制宜地推进农村公路建设，解决好建管养运的问题，为农村经济发展、农业结构调整、农民增收提供良好的交通条件，服务社会主义新农村建设；坚持以人为本，把安全放在交通工作的突出位置，既要重视生产安全，又要不断提高交通基础设施的安全性，让人民群众出行放心，真正体现交通发展为了人民，交通发展依靠人民，交通发展成果人民共享。

第二，加快建设创新型交通行业。从全国范围看，各省（区、市）你追我赶，区域竞争更加激烈，如何面对千帆竞发、百舸争流的态势，让青海交通紧跟时代的步伐，是对我们的严峻考验。要从发展的理念、现行的体制和机制上找问题，科学谋划和决策，采取得力措施，以理念的创新带动行业的创新。要高度重视资金、能源、资源和环境的刚性约束，因地制宜，建设资源节约型、环境友好型和创新型交通行业。

第三，全面提高行业管理水平。加强交通部门的自身建设，转变职能，强化社会管理和公共服务职能，建设服务型政府部门，在服务中实施管理，在管理中体现服务，进一步减少和规范交通行政审批事项，规范权力运行，增强交通部门的行政执行力和公信力；进一步创新交通公共服务体制，健全惠及全民的交通公共服务体系，完善公路水路交通应急管理机制，改进服务方式；深化交通政务公开，健全完善法规制度，规范交通建设和运输市场。

第四，着力解决关乎民生的问题。交通与人民群众生产生活关系密切，也是人民群众关注的行业之一。要充分认识到公路水路交通在全省生产力布局、区域协调、城镇化建设、增加就业、拉动消费和农民增收中的先导性作用，建设适应全省经济社会发展大局、群众最需要、社会效益明显的公路水路交通，不修群众不需要和不愿修的路，用交通的较快发展解决全省各族群众的出行问题。下大力气解决拖欠农民工工资问题、农村公路建设中资金监管等涉及群众切身利益的问题，在维护群众利益的基础上，把交通发展的实惠带给千家万户。

第五，不断深化行业文明和党风廉政建设。抓党风、促政风、带行业，弘扬正气，保持昂扬向上、拼搏奉献、奋发有为的精神风貌，是推进交通又好又快发展的根本要求。做好交通各项工作，既要靠交通广大干部职工的拼搏和努力，又要靠职工队伍政治素质、思想道德素质和科学文化素质的不断提升。要继续发扬“扎根高原，艰苦创业，献身交通，造福人民”的青海交通行业精神；要不断在新的实践中培育交通文化，凝练行业核心价值观，调动全行业干部职工的积极性和工作热情；不断深化对反腐倡廉工作长期性、复杂性、艰巨性的认识，坚定不移、深入持久地开展党风廉政建设和反腐败工作，为交通发展提供坚强的政治保证。

# 深入贯彻落实科学发展观　推动交通事业又好又快发展

（宁夏回族自治区交通厅厅长　周　舒）

党的十七大继往开来，高瞻远瞩，胡锦涛总书记所作的报告立意高远，思想丰富，求真务实，科学回答了党在改革发展关键阶段举什么旗、走什么路、以什么样的精神状态、朝着什么样的发展目标继续前进等重大问题，顺应时代潮流，符合党心民心，是我们坚持和发展中国特色社会主义的政治宣言和行动纲领，是一篇马克思主义的光辉文献。贯彻落实报告精神，一个重要方面是真正把科学发展观落实到经济社会发展的各项工作，在科学发展中谱写人民美好生活新篇章。

交通部门要在科学发展中有所作为，关键是要做到“五个吃透五个创新”：

一是吃透解放思想是发展中国特色社会主义一大法宝的理论精髓，努力更新思想观念，创新发展环境。要更加自觉地坚持解放思想、实事求是、与时俱进的思想路线，进一步深化对宁夏作为能源基地、欠发达地区、西部内陆省份等区情特点的认识，树立创新思维、强化开放理念、发扬进取精神、致力求真务实，破除小富即安、封闭狭隘、急功近利等陈旧观念，破除制约生产力发展、影响改革开放的体制机制障碍，围绕自治区经济社会发展大局谋划交通发展蓝图，紧扣时代脉搏，把学习贯彻报告的过程变为思想解放的过程，把握战略机遇，进一步完善调整交通发展规划，加快宁夏高速公路网建设。按照自治区第十次党代会的部署，我们将“十一五”交通发展规划进行了调整，力争到2011年我区高速公路通车里程突破1 300公里，其中，建成国家高速公路网宁夏境内公路1 100公里，地方高速公路200公里。要加快自治区成立五十周年大庆重点公路项目建设，确保到自治区成立五十周年大庆前全区高速公路突破1 000公里。抓好宁东“1号工程”交通建设项目的落实，确保为宁东开发提供有力的交通保障和服务。完成宁东交通建设项目10个，总投资9亿多元。为自治区经济社会更好更快发展创造安全、便捷、通畅的公路运输环境。

二是吃透改革开放是发展中国特色社会主义强大动力的理论精

髓，努力深化改革，创新发展思路。宁夏要转型跨越崛起，必须坚定不移地以更大的力度推进改革开放，宁夏交通要在推进改革开放的伟大进程中有所作为。要立足区情，在“结合”上做足文章，通过改革开放寻找出路，通过改革开放增强活力，通过改革开放取得突破。要把扩大招商引资和调整优化产业结构结合起来，把改善交通基础设施面貌与优化投资环境结合起来，更好地利用两个市场、两种资源，不断提高开放型经济水平。用足用好政策，积极争取国家补贴，同时，努力拓宽融资渠道，充分利用国内外商业银行资金，力争在今后五年，落实国内贷款 100 亿元，计划申请世行贷款 2.5 亿美元，共筹集 120 亿元人民币。在近期已发行 8 亿元长期企业债券的基础上，争取今后五年再发行一期企业债券，共筹集 16 亿元，为交通事业发展和公路养管提供充足的资金。

三是吃透科学发展观是发展中国特色社会主义必须坚持和贯彻的重大战略思想的理论精髓，创新发展方式。要紧紧围绕服务经济社会发展全局、服务社会主义新农村建设、服务人民群众安全便捷出行谋篇布局，深化对“三个服务”的认识，做足做深“服务”文章，推进道路运输业全面发展。一要完善运输市场机制，实现运输经营主体优胜劣汰。健全法规体系，实行质量信誉考核。优化市场资源配置，加大市场监管力度，建立行业自律机制，促进道路运输健康、有序发展。二要大力发展农村客运，方便农民出行。到 2011 年末，全区 100% 的乡镇建有客运站（招呼站），60% 以上的行政村建成招呼站或候车亭，进一步增强农村道路运输服务能力，提高服务水平。三要积极培育物流市场，加快发展第三方物流。加强物流基础设施建设，重点规划建设城市物流园区，尽快启动贺兰山东路交通物流园区建设。积极支持宁东基地道路运输发展。以宁夏交通国际物流港为依托，加快搭建全区交通物流信息平台，带动全区现代物流业发展。加快运力结构调整，鼓励运输企业发展重型货车、厢式货车、特种专用车辆，提升道路运输供给能力。到 2011 年，全区从事公路运输经营的车辆达到 10 万辆，其中货车 8.2 万辆，完成货运量 7 560 万吨，货运周转量 95 亿吨公里，分别比 2006 年增长 33.6%、38.9%。

四是吃透社会和谐是中国特色社会主义的本质属性的理论精髓，努力建设和谐交通，创新发展机制。科学发展和社会和谐是内在统一的。要按照共同建设、共同享有的原则，更加重视解决民生问题，更加重视对交通保障的投入，更加重视协调好各方面的利益关系，更加重视和谐文化建设。一要加强公路养护管理，积极稳妥地推进养护运行机制改革，巩固“有路必养”成果，实施公路灾害治理、安保工程、危桥改造，确保公路完好畅通。二要高度重视安全生产，全面落实责任制，防微杜渐，努力消除安全隐患。三要巩固自治区文明行业创建成果，大力开展积极健康文明创建活动，常抓不懈，促进交通系统干部职工精神面貌的变化，以良好的精神风貌投身到交通事业大发展的主战场。四要加强交通效能建设，进一步转变职能，创新管理方式，不断提高行政管理效能，完善政府信息公开制度，凡是没有保密要求的公务活动、经济活动，都要公开办事内容、公开办事程序、公开办事结果，切实保障公民的知情权、参与权、表达权和监督权。五要千方百计解决人民群众和交通职工最关心、最直接、最现实的问题，真正做到改善民生、促进民和、确保民安。

五是吃透以改革创新精神全面推进党的建设新的伟大工程的理论精髓，努力加强和改进党的建设，创新发展理念。坚持围绕交通中心工作，谋划党的建设；坚持以执政能力建设和先进性建设为主线，全面推进交通系统党的建设，努力使交通系统各级党组织成为交通事业跨越式发展的强有力的政治保障和组织保证，充分发挥基层组织的战斗堡垒作用和广大党员的先锋模范作用。到 2010 年，交通系统所有处级以上干部参加自治区党校等院校的培训不少于 3 个月，以提高党员干部政治理论水平；加强阵地建设，按照统一适用的原则，新建、翻建标准、统一的党员活动室 80 个，创造良好的学习、活动环境，为党员服务群众搭起平台；推行党员示范岗、党员承诺制，党员与困难群众结对帮扶等活动，抓好建设施工单位中流动党员的教育和管理，使流动党员教育管理工作走在前列。积极开展评先推优工作，进一步推进“五好支部”建设，使 80 个基层党支部成为“五好支部”，每两年开展一次优秀共产党员、优秀党支部、优秀党务工作者表彰活动，使干部职工学有榜样，赶有目标。进一步加强党风廉政建设，继续开展治理商业贿赂工作，努力培养一支能干事、会干事、干成事、不出事的交通干部队伍。以交通系统党的建设的新业绩，推动宁夏交通事业健康协调可持续发展。

# 突出三个必须　抓好三个重点　实现三个转变

（新疆维吾尔自治区交通厅厅长　穆铁礼甫·哈斯木）

2007年全国交通工作会议提出了努力做好“三个服务”，推进交通事业又好又快发展的总要求。新疆结合实际，立足行业，围绕做好“三个服务”，突出“三个必须”，抓好“三个重点”，实现“三个转变”。

## 突出“三个必须”

一是必须坚持以科学发展观统领交通发展全局，牢固树立以人为本、好中求快、全面协调、可持续发展的理念，正确处理“好”与“快”的关系。今年新疆将加大对南疆三地州的支持力度，实行“两个倾斜”，向农村公路建设倾斜，向农村客运发展倾斜。

二是必须以创新求发展。不断提高行业创新能力，激发创新活力，增强创新实力，加快创新型交通行业建设。坚持以理念创新为先导，科技创新为引领，体制机制创新为动力，政策创新为保障，把创新落实到交通建设、运输服务、安全保障、精神文明、廉政建设等各个方面。

三是必须坚决走资源节约和环境友好的交通发展之路。依靠科技进步、优化资源配置、提高运输效率、创新管理模式、提高人的素质，加快建设资源节约型、环境友好型交通行业，科学合理利用土地等资源，加强节能降耗，发展交通循环经济，使交通发展与资源、环境的可承载能力相适应。

## 抓好“三个重点”

一是抓好新疆公路基础设施建设，把国省道干线公路和农村公路建设摆在同等重要位置来抓，促进区域、城乡协调发展，为做好服务提供坚实的基础保障。坚持质量、速度、结构、效益相协调，确保重点项目的顺利实施。按照自治区加快新型工业化建设的战略部署，积极推进工业园区道路和资源开发路建设。从解决农牧民最关心、最紧迫的基本问题入手，加快农村公路建设。

二是抓好道路运输保障，为广大人民群众安全便捷出行，提供满意放心的运输服务。充分利用新疆的地缘优势，继续做好国际道路运输的对外交流与合作工作，积极推动中哈俄过境运输的开展，同时做好已开通国际道路客货运输线路的后续监管，修改和完善新疆国际道路运输车辆管理办法和应急预案。目前，新疆与5个周边国家的直达国际道路客货运输线路已达101条，占全国已开通国际道路运输线路的一半以上。

三是抓好行业管理，综合运用法律、经济和必要的行政手段，培育和建立统一开放、竞争有序的交通市场。加快交通部门的政府职能转变，强化社会管理和公共服务职能，在服务中实施管理，在管理中体现服务，推进交通政务公开，规范行政权力运行。进一步创新交通公共服务体制，着力解决交通建设、运输管理、安全监管中直接关系到人民群众切身利益的问题。

## 实现“三个转变”

“三个转变”即发展的基点从以路为本向以人为本转变；发展的内容从以公路建设为重点向全面发展转变，做到国省干线与农村公路并重，公路建设与养护管理并重，公路建设与运输发展并重；发展的模式从粗放式增长向集约型发展转变，统筹城乡、区域交通协调发展，统筹交通与经济社会、自然环境协调发展。

全面提高路网整体服务功能和服务水平，力争年末国省干线公路好路率达到85.5%。继续推进农村公路管理养护体制改革，2007年各地区要在开展试点工作的基础上，全部建立农村公路管养机构。抓紧制定出台《新疆农村公路管理养护办法》、《新疆农村公路管理养护质量评定标准》等办法和规定。

做好“三个服务”、突出“三个必须”、抓好“三个重点”、实现“三个转变”，是新疆交通工作贯彻落实科学发展观的有效途径，也是做好交通工作、构建和谐交通的目标和要求。我们将加快推进新疆交通由传统产业向现代服务业转型的进程，为经济社会发展当好先行，提供保障。

# 切实做好“三个服务” 推进兵团交通又好又快发展

（新疆生产建设兵团交通局局长 倪 鲁）

面对机遇和挑战，摆在兵团交通面前的任务是艰巨的。如何正确把握机遇，应对挑战，是我们解决和处理好兵团交通发展的关键问题。因此，我们要结合兵团实际，在深刻认识交通运输本质属性的基础上，站在兵团经济发展全局的角度，站在兵团职工群众对交通需求的角度，站在如何更好地履行屯垦戍边使命的角度，审视兵团交通发展水平、适应能力和存在问题，深刻认识做好“三个服务”的重要意义，提高交通发展质量和服务水平，为兵团经济社会发展提供交通支撑。

兵团交通做好“三个服务”，一要服务好兵团国民经济和社会发展全局，二要服务好屯垦戍边新型团场建设，三要服务好职工群众安全便捷出行。现阶段，兵团交通发展的主要矛盾仍然是发展不足的问题。做好“三个服务”，恰恰是为了更好地发展。新时期加快兵团交通发展不仅要加快公路基础设施建设，更要注重发展质量和服务水平，不断拓宽发展的内涵，逐步转入科学发展的轨道，实现交通由外延式的粗放型增长方式向内涵式的集约型增长方式转变。由以生产增长为导向的发展向以服务质量为导向的发展转变，这是实现兵团交通又好又快发展的必由之路。

现阶段做好“三个服务”的总体思路和基本要求是调整结构、转变方式、注重创新、强化管理。

调整结构，就是要妥善处理好公路交通与兵团经济社会发展的关系。抓好投资结构、基础设施结构和运输结构优化与调整，优化投资结构就是统筹兼顾建、养、运三者的投资关系。基础设施结构调整就是要保证垦区通道、通营连公路建设这些重点的同时，加快公路交通站点建设。运输结构调整就是要引导道路运输管理、运输组织结构和运力结构向信息化、专业化和规模化方向发展，为兵团经济社会健康有序运行，提供畅通有效的运输服务。

转变方式，就是要依靠体制机制创新、科技创新、管理创新，提高队伍的整体素质，实现交通发展方式的根本性转变。当前，要切实摆正兵团交通发展与资源节约和环境保护的关系，走出一条资源节约、环境友好的交通发展之路。公路基础设施建设，要坚持实事求是、量力而行、量入为出、循序渐进的方针，加强对设计、养护、环保、合理节约材料和资源新技术的研究。要结合实际，科学合理利用土地，切实保护环境，节能降耗，实现交通可持续发展，为做好“三个服务”不断创造新的条件，开辟新的途径。

注重创新，就是要把“以人为本”、“好中求快”作为兵团交通行业发展的核心理念，不断提高行业创新能力，加快创新型行业建设。要用创新的思路和办法，强化公路建设管理，提高公路投资效益；大力开拓公路养护筹资渠道，实现“有路必养”；积极探索兵团运输市场管理模式，提高兵团运输服务水平。

强化管理，一要努力建设服务型部门，强化社会管理和公共服务职能。二要推进交通机关政务公开，规范行政权力运行，强化资金安全监管和提高资金使用效益，不断增强交通主管部门的行政执行力和公信力。三要进一步创新交通公共服务体制，健全完善惠及职工群众的交通公共服务体系，着力解决交通建设、运输管理、安全监管中直接关系职工群众切身利益的问题，为广大职工群众提供放心满意的运输服务。

# 坚持以人为本　落实“三个服务”

（天津市市政公路管理局局长　孟庆旺）

2007年，天津市公路设施建、养、管工作以科学发展观为统领，坚持“三个服务”的新服务理念和“建、养、管并重，协调发展”的新发展理念，精心养护，严格管理，优质服务，进一步提升公路设施管理水平和公共服务能力。

## 加强高速公路运营和设施养护监管

天津市目前共有高速公路10条（段），通车里程694公里。天津市市政公路管理局将加大对本市高速公路运营和设施养护的行业监管力度，督促高速公路经营管理者更好地体现公众利益和社会责任，确保高速公路设施便捷、通畅、高效、安全。今年养护维修计划投资2.49亿元，重点对出现病害的桥涵构筑物进行改造、维修、加固，对部分道路的路基、路面进行挖补，对罩面进行维修，消除较严重的车辙、推移、裂缝等病害，使各高速公路实现路面无坑槽、无跳车、无设施缺损、无绿化死苗、无空白段。各收费站做到文明征费、文明服务。

## 加强国省干线和一般公路建设养护管理

以路面养护为中心，以国省干线为重点，逐步推广和落实高效能规范管理和高标准精细养护，继续巩固和提高国省干线的路网通行服务水平，努力提高区县级公路的保障能力。下一阶段的重点工作：一是继续实施损坏严重公路的大修改造，年内安排150公里大修任务；二是抓实预防性养护工程，年内完成5条路线80万平方米养护任务；三是全面完成国省干线18座病害严重和低标准桥梁的维修、加固和改造，全面消除现有国省干线公路上的危桥；四是强化路网功能，打通断头路，年内完成宝白、津芦、津汉公路改线等一批路网建设项目；五是抓实交通专项工程和安保工程，在一批市干线公路实施安全保障工程，实施交通专项工程，增设交通信号灯；六是抓实绿化工程，完善旅游路线生态路、盐碱路段、外环线等绿色景观通道和外环线立交桥区绿化建设；七是加强养护维修工程质量管理，大中修工程确保工程验收合格率达到100%、优良品率达到70%以上，小修养护工程质量合格率达到100%。

## 加强农村公路建设养护管理

2007年全市计划完成农村公路改造1 000公里，改造低标准或病害严重的桥梁70座。强化乡村公路设施养护管理，按照责任分工，确保责任到位，区县、镇配套资金到位，充实农村公路养管队伍，建立农村公路小修养护管理和路面维修率考核指标体系，逐步实现农村公路养护的规范化、标准化和“有路必养”的目标。到今年年底，基本实现农村公路养护管理工作的良性循环，为新农村建设服务。

## 强化依法行政和执法监管

依法规范行政审批工作。认真落实《行政许可法》，创新审批方式，优化服务环境，推行办事公开、服务承诺、首问负责、限时办结等制度，落实便民措施，提高服务效能。强化对公路设施的行政执法管理，依法加大对公路超限超载、公路“三乱”行为的治理，建立健全车辆超限超载治理长效机制，继续推广计重收费，真正把公路设施管住、管好。强化行业法规建设，做好《天津市高速公路管理条例》等相关法律法规的起草修订，进一步扩大法规的覆盖面。强化公路养路费征收管理，加大征缴力度，加强稽查，堵塞漏洞，做到应征不漏。

## 提升养管工作科技含量

继续推进信息化、动态化管理。加大信息化工作的投入力度，进一步完善公路养管快速反应GPS系统，建立高速公路监控系统；开展对沥青废弃材料可再生利用的专题研究；推行高速公路预防性养护，积极推广应用预防性养护新设备、新技术和新工艺；加大养护技术的研发投入，形成实用科技成果并应用于养护工作。

# 在服务中实施管理　在管理中体现服务

（上海市港口管理局局长　许培星）

在2007年全国交通工作会议上，交通部党组明确要求全国交通行业努力做好“三个服务”。这是在正确把握交通发展规律的基础上，对交通工作全面落实科学发展观本质要求的新认识，是推进交通行业又好又快发展的重要指导原则。

正如李盛霖部长所指出的，服务是交通运输的本质属性。“服务国民经济和社会发展全局，服务社会主义新农村建设、服务人民群众安全便捷出行”最简明扼要地概括了建设“服务型交通”的内涵。港口是交通的重要组成部分，全面推进“三个服务”，加快建设服务型港口，应该成为今后港口发展的主题，作为港口落实科学发展观的具体实践。上海港理应率先做好“三个服务”，自觉地在建设服务型港口方面作好表率。

## 回顾以往，上海港在自觉实践“三个服务”方面有所作为，有所进步

李盛霖部长的“三个服务”是对以往实践的科学提炼，更加完整、更加全面、更具有针对性，并更具指导性。上海市港口管理局自2003年成立以来，始终将服务国家战略、服务上海和腹地经济发展、服务社会主义新农村建设和人民群众出行作为港口行政管理工作的重要使命。

1. 坚持将加快建设上海国际航运中心作为服务国民经济和社会发展全局的中心任务

党中央确定建设上海国际航运中心，其用意就是要带动长江流域经济腾飞，提升区域国际竞争力，这是服务国民经济和社会发展全局的国家战略。我局在交通部和上海市政府的领导下，坚持聚焦国际航运中心建设，聚焦洋山深水港区建设。如加强国际航运中心的战略和政策研究；根据洋山深水港区生产、建设和管理并存，处于成长期和磨合

期的特点，我局发挥政府部门管理、引导和扶持作用，把优化营运放在突出地位，针对洋山港开港后出现的新问题组织开展专题调研，加强与浙江省有关方面的沟通、协调，加强对洋山深水港区客运站安全经营的监管等。

2. 坚持将做好世博会水上客运建设和组织作为服务区域发展的重要任务

举办中国上海世博会，是代表中国形象，是造福区域经济发展的重要载体。根据上海市总体安排，我局积极落实世博会水上客运组织，对世博园区内、外的水门、轮渡等布点规划、规模及交通配套等开展调研，完成了水门规划和水上交通组织及保障方案，加快实施水上客运设施规范化建设。

3. 坚持将改善陆岛客运和郊区渡运，作为服务社会主义新农村建设和人民群众出行的重要任务

近年来，每到崇明、横沙岛桔子成熟外运时，往往会造成码头拥挤、水上运力紧张，桔子不能及时外运而使桔农受损。对此，我局高度重视，急民所急，已经连续几年指派专人到现场组织协调，会同交警部门疏导交通，协商船公司增加运力，有效地缓解了桔运矛盾。

尽管上海城市建设日新月异，但是在郊区边缘地区的乡村渡口中，仍然存在着设施简陋、渡船性能差、群众摆渡难等问题。为此，我局在2006 年按交通部关于整治乡镇渡口的要求，对全市乡村渡口进行了深入调查，确定了需要优先改造的项目，并向市政府做出专项报告。之后，内河渡口渡船改造被列入 2007 年上海市政府实事项目之一。在我局的组织和协调下，市、区县两级财政共投入改造资金 1 520 万元，至今已全面完成 15 个渡口改造，共新建渡口码头 8 处、修缮 18 处，建设新的浮码头 7 座；新建各类渡船 6 艘，解决了老百姓几十年的出行难和出行安全得不到保障的问题。

4. 坚持将规范水上客运和旅游市场，推进文明客运创建活动，作为为民服务的重要工作

上海发展了，城市更具吸引力，因此中外游客来黄浦江上一游成了必需的项目。旅游客运与人民群众的利益休戚相关。近年来，我局严格执行客运经营准入制度，妥善处理个别旅游公司违规经营问题，规范客运和黄浦江旅游市场；开展水路客运电子票务系统建设，提升管理规范化水平；启动“知荣辱、讲文明、与文明同行，门户创建迎世博，文明窗口树新风”主题活动和“文明在水运客运港”专项活动，争创“文明客站”、“文明客船”、“品牌航线”和“服务标兵”，积极打造上海水上客运窗口新形象。

5. 始终将加强港口环境保护，作为服务城市、服务市民、服务长远发展的重要内容

我局高度重视港口环境保护工作，加强港口建设项目环境评价预审和港口作业许可单位环保审核；认真收集港区及其他地区水质、大气和噪声监测数据；严格监督和处理油品泄污、矿粉落江和码头扬尘污染；组织开展了《上海港企业环境行为评价体系》、《上海港环境保护现状及污染物总量控制研究（海港部分）》、《上海港口环境保护管理办法及三年环保规划方案》等课题研究；与美国洛杉矶港务局共同发起成立了"环太平洋港口空气质量合作组织"，加强与国外同行在减少污染排放、改善港口空气质量等方面的探索和技术交流。

## 面向未来，上海港应在"三个服务"方面实现新突破，取得新进展

党的"十七大"确立了中国特色社会主义理论体系，将科学发展观确立为党的指导思想。我们应在科学发展观的指导下继续深化"三个服务"。

1. 要将转变港口发展方式作为深化"三个服务"的主要内容

港口为经济社会发展和对外贸易服务，是港口的本质属性。尤其是现代港口，已经是一个建立在港口设施及相关区域的集多种服务功能于一体的服务综合体，已经日益与城市经济交织融合，与港口腹地经济紧密关联。因此，越是发达的地区，一个港口的地位主要取决于能为多大范围的区域经济和客户提供服务，以及能提供多少种服务和怎样水平的服务。货物装卸虽然是港口的主要功能，货物吞吐量也是港口服务国民经济的重要指标，但是，我们必须清楚，货物装卸只是现代港口的一类主要服务，作为服务型港口，吞吐量不是衡量现代港口贡献的唯一指标。我们认为，上海港转变发展方式主要应在四个方面着力：

一是着力拓展港口服务功能、提高服务质量，重点是发展港口现代物流和现代航运服务业，努力从传统的装卸服务中心向区域性、国际性物流中心发展，并进一步向有特色的国际航运服务中心发展。

二是着力加强环境保护和节能降耗，重点做好岸线规划和合理使用，加强生态港建设力度，大力推进内河运输。

三是着力推进区域港口群协调发展，努力破解上海港与长三角周边港口优势互补、错位竞争、协调发展的课题，要根据科学发展观和"三个服务"的要求，上海港航发展要放在中央对上海发展的战略定位上、经济全球化的大趋势下、全国发展的大格局中和国家对长三角区域发展的总体部署中认真思考和谋划。坚持"有所为有所不为"，与周边

港口错位发展、联动发展、一体化发展。

四是着力建设创新型港口,努力提高港口自主创新能力。

2. 要将促进上海国际航运中心建设取得更大突破作为深化"三个服务"的重要抓手

虽然上海国际航运中心建设已经取得很大成绩,但也面临着新情况和新问题。从港口硬件和运营组织看,洋山深水港区的国际枢纽地位尚未完全确立,港口集疏运体系还不够完善,江海联运、海铁联运和内河集装箱运输等相当薄弱,集装箱运输干支线网络未尽合理,由此制约了港口枢纽对中西部经济的拉动效率和服务效能;从港口软件看,国际航运中心功能建设相对滞后、现代服务业"短腿"问题日显突出,同样限制了港口服务国民经济和社会发展全局的功能效应。为此,我们将继续在交通部和上海市政府的领导下,与苏、浙港航管理部门联手,共同为解决港口发展中存在的问题尽心尽责,努力推进上海国际航运中心建设取得更大突破,从而发挥好服务长三角、服务长江流域和服务全国的作用。

3. 要继续将解决人民群众最关心、最直接、最现实的利益问题作为深化"三个服务"的重要内容

近期,围绕社会主义新农村建设和民生问题,我们将重点推进两个方面的工作:

一是根据农村新经济格局,抓紧做好郊区内河港区详细规划编制工作,积极推进集约化内河港区建设,提升内河港区的现代化程度和利用率,更好地为农村经济发展服务。同时,进一步规范内河航运秩序,加大对内河危险品码头和危险品运输的监管,确保一方平安。

二是根据崇明、长兴、横沙三岛产业布局调整和客运增长情况,继续改进和完善陆岛运输。重点推进宝山地区"三岛"客运布局规划;积极依靠地方政府,加强港航资源整合,尽快解决过江拥堵问题,为三岛市民、企业员工和游客提供更为便捷、舒适的水上客运环境。

4. 要将全面履行管理职能,提升服务能效作为深化"三个服务"的主要抓手

对于港口管理部门来说,"三个服务"的水平,取决于依法管理能力、行政管理效率和管理水准。我局已确定将国际化、法制化、信息化和规范化作为今后全港的发展目标和我局各项工作的目标任务。要努力将上海港建设成为在管理、环境、运营等各方面符合国际规则,采取国际惯例,使国际港航界能够接受的国际化港口;将上海港建设成为具备完善的法律法规基础,公平、公正,具有严谨执法理念和较高执法水平的法制化港口;将上海港建设成为港航信息高度集聚,网络设施完

备,信息服务便捷的信息化港口;将上海港建设成为运行畅通、有序、高效、快捷,充满现代气息的规范化港口。我局的各项工作都应该以“四个化”作为标杆,努力地加以推进。只有这样,才能不断深化“三个服务”,取得更大进步。

# 服务是长江航运的本质属性

（交通部长江航务管理局局长　金义华）

长江航运是为沿江经济发展和沿江人民群众出行安全服务的。没有上述主体，长江航运就没有存在价值。做好"三个服务"，构建和谐长江航运，做到货畅其流，人便于行，使沿江经济得到快速发展，使人民群众切实得到航运之利，既是长江航运从业者的目标和追求，也是长江航运事业的兴旺之本。

经济社会的快速发展，迫切要求进一步释放长江航运潜能，进一步提高长江航运的服务水平，满足不断增长的流域经济社会发展需求。在当前和今后一个时期，长江航运发展的主要矛盾，仍然是沿江经济社会和人民群众日益增长的航运需求与航运生产力滞后的矛盾。长江航运要不断适应和达到沿江经济社会发展需求追求的目标，就是要建设便捷、安全、高效、舒适、环保的长江航运体系，提供效率高、成本低、污染小、质量优、安全好的运输服务。这种运输体系的建设是做好"三个服务"的物质基础，为人民提供良好的运输服务是构建和谐长江航运的最终目的。为此，长江航务管理局把服务沿江经济发展，服务长江航运发展，服务沿江人民群众出行安全作为工作重点。

长江航运面向沿江经济的所有生产部门，服务过程贯穿于社会生产、流通的各个方面，与沿江人民群众的生活息息相关，惠及千家万户。我们的工作必须立足'三个服务'，进一步强化服务意识，提高服务能力，改进服务水平，为沿江经济发展提供高效的航运保障，为沿江人民群众安全便捷出行提供满意放心的运输服务，以满足全面建设小康社会和构建和谐社会对长江航运提出的新要求。

为服务沿江经济发展，长江航务管理局系统职工经过艰苦的努力和精心的维护，从 2007 年 5 月 1 日起提高了长江干线重庆至芜湖段航道的维护水深标准。重庆至芜湖段全长 1 891 公里，约占整个干线里程的 70%。提高维护水深标准后，重庆至芜湖段航道水深增幅达 0.2 至 2.5 米。在洪水期，5 000 吨级船舶和万吨级江海直达型海轮，可分别在武汉和安庆以下航道畅行无阻。这意味着长江航道年通过能力可增加 6 853 万吨，货运周转量增加 221.6 亿吨公里，带来直接经济效益 10.9 亿元。

为服务长江航运，长江航务管理局按照“公平、公开、竞争”的原则，把好市场准入关，积极推进航运结构调整。进一步加强了客运、涉外旅游、液货危险品和滚装运输市场管理。按照新的“四客一危”船舶运输企业资质管理规定，深化航运企业经营资质年度核查，完善市场预警和企业退出机制、诚信管理制度，规范企业经营行为。支持发展新型运输方式，组织开发中下游滚装运输市场、水上旅游客运市场等。同时，加强运力组织协调，支持航运物流发展，降低船舶空载率，确保长江干线集装箱、外贸货物、矿石、成品油和粮油等重点物资运输以及重点时段旅客运输。加强政策和信息引导。坚持定期分析长江航运形势，及时发布长江航运景气指数和长江运价指数。抓大促小，扶优扶强，鼓励航运企业发展，积极引导培育统一规范、竞争有序的市场体系。

按照交通部“深下游、畅中游、延上游”发展战略，长江上游航道已先后实施了三峡库区航路改革航道配套建设工程、库区炸礁工程、泸州至重庆段（泸渝段）航道建设工程等，航道条件大幅改善。地处鄂、赣、皖三省交界处的张家洲水道南港航道整治工程的竣工，标志着在枯水季节，万吨级船队可由长江口直达武汉。长江干线宜宾合江门至泸州纳溪航道（叙泸段）建设一期工程也已开工，整治工程完成后，可常年昼夜通行 1 000 吨级船舶和 3 000 吨级船队，将与三峡库区航道、泸渝段航道及川江港口形成整体，成为真正意义上的长江干线水上快速通道，为西南各省依托水运发展区域经济打下良好基础。

为服务沿江人民群众出行安全，长江航务管理局开展了一系列专项活动，确保长江航运安全畅通，努力营造安全和谐的通航环境。按照交通部《关于长航系统联合执法工作的指导意见》，长航系统坚持依法行政、资源整合、便民利民的原则，先后在长江重庆至芜湖 10 个江段启动了联合执法工作。目前，长航系统设立了 59 个长江水上政务中心，长江海事、航道、公安、通信等部门集中在水上政务中心共同受理办公，以良好的风貌，热情周到的服务对待每一位上门的船方用户，受到了船舶单位和船民的好评。

# 以科研技术服务于国家相关行业发展大局

（中国船级社理事长兼总裁　李科浚）

“三个服务”赋予了交通行业新的历史任务。作为以技术服务为载体的中国船级社（CCS），在深入贯彻“三个服务”理念的同时，结合自身的工作特性，努力将现代服务理念向相关行业拓展和延伸，使“三个服务”理念在实际工作中发挥了重要的指导作用。

CCS 确定走以科研技术为先导的发展道路，以服务于国家相关行业发展大局为己任，最终实现“国际一流船级社”的目标，是基于“服务”理念。没有“服务于国民经济和社会发展全局”的大局意识，就没有使科研技术水平迅速提升的责任心和使命感；没有高质量、高水平的服务，就无法助推我国航运、造船、海工和相关行业的迅猛发展。因此，树立牢固的服务意识，提高科研技术水平，支持国家相关行业的发展，是 CCS 贯彻落实“三个服务”的具体体现，也是 CCS 取得长足发展的根本保证。因此，CCS 的工作思路和举措已调整到严格践行“三个服务”理念上来，总体分为三个部分：

**一是满足我国航运、造船和相关行业的发展需求。**当前，国内外海事格局发生了深刻变化，我国远洋、沿海和内河水运都呈现出快速增长的势头，交通部《公路水路交通“十一五”发展规划》确定了国家水运发展的目标，国家《船舶工业中长期发展规划》对建立健全我国船舶工业技术标准体系提出了新的要求，亟待 CCS 发挥标准研发方面的专长，船舶安全标准的合理提升和船型标准化成为 CCS 面临的重要课题。此外，海洋工程、船舶配套产业、交通工业产品也需要 CCS 合理移植在船舶领域的先进技术，以保障其健康、持续的发展。由此看来，CCS 需要及时修订相关技术标准，积极参与国际技术标准的谈判、制定工作，推动我国技术标准与国际标准全面接轨，在国际船级社协会（IACS）共同结构规范（CSR）框架下，研究建立我国同类产品的标准，推出我国基本船型，同时维护我国相关行业的合法权益和满足在技术服务方面的需求，切实服务于国民经济和社会发展全局。

**二是提升我国自有船队的综合竞争力。**加强自有船队的建设不仅是一个国家海上运输力量的具体体现，更是一个国家保障经济、能源和国防安全的需要。交通部一直倡导加强五星旗船队建设、努力提高航运公司的综合竞争力的战略部署，积极扩大国家自有船队（特别是五星旗船队）。因此，改善船舶运力的组织结构，加快进口能源、重要原材料运输等国家自有船队的建设，促进船队经营规模化、节约化，需要CCS提供支持保障。CCS必须利用遍布全球的服务网点，提供及时、优质的检验服务、信息服务、应急响应服务等，为提升我国自有船队在海运市场中的承运份额而不遗余力。

**三是以“三个服务”为指针，开创科研技术发展的新局面。**当前，“资源节约、环境友好”已被提升到“科学发展观”和“国民经济可持续发展”的高度。作为中国船舶检验的主力军，CCS将“保障水上安全与环保、促进相关制造业自主创新发展、维护我国相关行业在国际标准领域的权益”作为新时期的历史使命。首先，CCS将“三个服务”涵盖的范围作为科研技术的发展方向，与国内外相关的科研、开发、设计、制造单位密切合作，把好船舶质量关，在设计、制造船舶时就将“资源节约、环境友好”放在首位，确保船舶的“优生”；其次，CCS将船舶安全运营提高到经济发展、社会和谐的高度来看待，在船舶的实际运营中加强监管力度，竭诚为航运公司服务，与航运企业一起缔造一个安全、环保的航运环境，确保船舶的“优育”；第三，CCS聚焦行业与市场需求，力争在重大项目上取得突破性进展。历史的经验说明，世界领先的船舶技术往往是通过重大项目的技术突破而得以实现的，CCS必须走技术突破之路，才能在国际上具有更强的竞争力，才能更好地为建立和谐、小康社会和创新型国家服务。因此，CCS要在散货船、油轮领域技术取得突破，成为国际领先的船级社；要在深海油气勘探开发装备的核心技术上取得突破，成为在深海技术上有专长的船级社；要在军（警）用舰艇入级制度及相关技术方面取得突破，成为服务于国防安全建设的船级社。只有这样，CCS才能在新的历史时期以技术服务提升品牌含金量，成为“三个服务”的忠实践行者。

# 创新理念 突出重点 全面提高公共服务能力

（长江航道局局长 唐冠军）

立足“三个服务”，加快推进长江黄金水道建设，既是长江航道局贯彻科学发展观的根本要求，也是做好长江航道各项工作的时代要求和义不容辞的责任。今年以来，长江航道局紧紧围绕“三个服务”，坚持理念创新，突出工作重点，不断提高公共服务能力。

与时俱进，创新服务的理念。长江航道局把“三个服务”的要求与长江航道的实际相结合，提出了“服务长江水运、服务沿江经济、服务流域百姓”的理念。为真正将“三个服务”落到实处，我们进而提出了要建设一个“畅通安全、文明诚信、管理科学、内外协调、充满活力、职工生活殷实安康”的和谐长江航道，推动长江航道实现又好又快发展，全面提高长江航道服务黄金水道建设、服务长江水运发展的质量和水平。

主动作为，拓展服务的外延。目前，长江干线航道维护管理任务较之过去更艰巨、更繁重，我们牢牢把握“一切为了畅通”的宗旨，全力确保全年、全河段干线航道的畅通安全，力求把长江航道建设成为沿江两岸物畅其流、人畅其行的东、中、西水路运输大通道。

加快建设，夯实服务的基础。我们按照交通部“深下游、畅中游、延上游”的总体部署，切实抓好干线航道的整治和建设。我们重视抓好基础工作，加快前期工作进度；提高设计理念，确保工程实施效果；实施长效管理，确保工程项目质量；加强廉政建设，保证资金人员安全；坚持科技创新，提高项目建设水平；加强后期维护，巩固航道治理效果。

以人为本，丰富服务的内涵。长江航道局坚持把服务对象的诉求摆在工作的首位，努力做到以人为本、文明服务。为更好地了解服务对象的需求，我们与长航集团等港航企业建立了定期工作联系制度；我们还坚持“走出去”，由局领导带领相关业务部门负责人，主动到沿江地方政府进行联系和沟通，了解他们对长江航道服务的要求，尽力满足各方的需求，及时改进我们的工作。

依托科技，提升服务的品质。科技是第一生产力，要在服务效率和质量上实现飞跃，就必须紧紧依托科技进步，有效提高科学技术对长江航道服务质量的贡献率。我们瞄准国际内河航道建设的科技前沿，重点抓好长江数字航道建设。目前，三峡库区数字航道建设已初具雏形。长江干线南浏段数字航道建设正在扎实推进之中。我们将依托信息和网络技术，通过有效组织，对长江航道各类信息资源进行整合，建立规范化、标准化的长江航道信息管理体系；通过开发建设长江航道地理信息、专业技术、社会服务等一系列应用工程，利用数字化的手段规划、建设、利用、管理长江航道，实现面向全社会的数字化航运管理与服务体系，推动长江航道的公共服务提高到一个新的水平。

# 努力实践"三个服务"　促进长江水运安全发展

（长江海事局局长　袁宗祥）

做好"三个服务"，是交通行业贯彻落实科学发展观的本质要求，是交通部党组在新时期关于交通发展的重要战略决策和必须长期坚持的重要指导原则。长江海事不断深化对"三个服务"科学内涵、重要意义的理解和认识，切实增强实践"三个服务"的责任感、紧迫感，及时出台《关于实践"三个服务"和建设平安长江的指导意见》，积极促进长江水运安全发展。

把握"442"规律，确保辖区安全形势持续稳定。长江是全国水上安全工作的重点，川江及库区更是重中之重水域。我们积极探索长江干线安全监管规律，形成了安全管理的"442"基本规律（坚持四个原则、把握四个重点、抓住两个关键），紧紧围绕"力保辖区不发生一次死亡10人以上群死群伤事故和重大船舶污染事故"的中心目标，辖区在2004年至2006年连续3年一般以上等级事故、死亡失踪、沉船、直接经济损失4项指标持续下降，辖区安全形势持续稳定。今年上半年，我们有效应对枯、洪水期时间偏长，干线水位陡涨陡落和库区滑坡等地质灾害频发的严峻挑战，安全形势继续稳中趋好。

发扬"人和、忧乐、坚韧"精神，努力做好"三个服务"。一是服务国民经济和社会发展全局。积极服务长江黄金水道建设等交通部党组确定的"十一五"六项工程；有力保障三峡工程、荆州长江大桥等国家、地方重点工程建设；开辟电煤、油等国民经济重点物资运输服务快通道；有效实施三峡库区、安徽段船舶定线制和中游分道航行规则，改善辖区水上通航环境，提升了船舶运输效率；严格落实各项便民利民措施，联合气象部门开发全国首个水上交通气象专栏——"长江海事气象"；强化危防管理，提高溢油应急能力，2006年和今年上半年辖区未发生一起重大船舶污染事故。二是牵牢"牛鼻子"，服务社会主义新农村建设。强化渡运安全和"五小"船舶管理是长江海事局服务沿江新农村建设的重要内容。我们把牵牢客渡船安全管理"牛鼻子"、推行渡船管理"三免一补"帮扶行动和专船维护"学生渡"，作为服务社会主义新农村建设的有效举措，保障了辖区每天22余万人次、全年8 000万人次的渡运安全。三是服务人民群众安全便捷出行。我们深入开展“防船舶碰撞、防泄漏”以及渡口渡船等专项整治活动；着力加强船舶、船员、船公司和船检的“四船管理”以及行政执法等安全源头管理和标本兼治工作；强化快速反应救助能力，有效运转118个应急快速反应点，建立“四级待命三级指挥”快速反应机制，今年上半年救助遇险人员3 837人，充分展示了长江海事“负责任”的良好社会形象。

完善“1 +5”长效机制，不断提升“三个服务”能力。“1”，即构建一个具有长江海事特色的海事文化；“5”，即运行一套结构严谨的长江海事管理体系，实施一套科学规范的长江海事议事规则，打造一支高素质的人才队伍，执行一个监督有力、奖罚分明的惩防考核体系，建设一个高效一流的长江海事信息网络。其中，海事文化是主导，管理体系是主线，议事规则是基础，队伍素质是关键，惩防考核是保证，信息网络是平台。这一长效机制，是具有长江海事特色管理模式的基本构架，还需要我们在今后的实践中不断丰富、完善和发展。

# 立足服务　提升能力　促进交通又好又快发展

（原交通部科学研究院院长　周　伟）

在2007年全国交通工作会议上，李盛霖部长深刻分析了当前交通工作面临的形势与任务，提出了努力做好“三个服务”、推进交通事业又好又快发展的总要求。

交通部科学研究院2007年的工作思路是围绕院“十一五”发展目标，认真落实全国交通工作会议精神，按照部党组做好“三个服务”的要求，着力强化“两个服务”，即面向机关为部服务，面向基层为行业服务；大力提升“三个能力”，即服务能力、创新能力、市场竞争能力；努力实现“三个满意”，即让交通部满意、让交通行业满意、让全院广大员工满意。重点做好以下几项工作：

一是深入学习全国交通工作会议精神，不断提高思想认识。“三个服务”不仅全面概括了交通工作的出发点和落脚点，而且也提供了评判交通发展成效的价值尺度，它是全面与重点的统一、长远与当前的统一、发展目的和发展方式的统一，是交通行业贯彻落实科学发展观的能动体现。我们一定要深入学习、认真领会“三个服务”的深刻内涵，把全院干部职工的思想统一到“三个服务”上来，落实到具体工作中去，把握工作方向，明确工作重点，落实具体措施。

二是围绕大局明确任务，努力当好部党组的“千里眼”、“顺风耳”和智囊团。要把部党组关注的、明确交给交科院完成的各项工作完成好，把行业有需求、交科院有优势的业务做好，全面提高为政府服务、为行业服务的质量和水平。重点做好“资源节约型、环境友好型交通发展模式研究”、“交通由传统产业向现代服务业转型战略研究”、“交通文化建设研究”、交通统计体系的完善和经济运行分析、国外交通发展动态跟踪、部网站的维护等工作。

三是进一步加强能力建设，提高综合实力。进一步深化改革，搭建社会化用人平台，创新运行机制和管理模式，加快人才队伍建设，培养引进高层次人才，结合交通科技创新体系建设，抓紧“交通决策支持实验室”等重点实验室建设和交通科技信息平台研发，提升交科院在优势业务领域的实力。充分发挥资源优势，加强先进适用技术的推广应用，为提高交通行业科技成果转化率作出积极贡献。

四是加强科研质量管理和企业监管，努力实现又好又快发展。科研业务和产业开发既要保持科研合同额和产业产值的稳步增长，又要提高经济效益。进一步完善科研质量管理机制；产业开发要解决规模扩张和质量效益的问题，通过加强企业监管、推进财务集中管理、完善激励约束机制、激发产业发展动力等措施，提高企业经济效益。

五是加强干部队伍建设和党风廉政建设，为各项事业健康发展提供保障。强化对各部门一把手的监督，强化中层干部的“班子”意识。加强干部作风建设，增强领导干部的廉洁自律意识，认真落实党风廉政建设责任制，从源头上防治腐败。

六是大力开展文化建设，营造和谐氛围。在全院深入开展“学先进、树新风、创一流”活动，以争创中央国家机关文明单位标兵为目标，大力开展社会主义荣辱观教育实践活动，形成富有交科院特色的共同价值理念，以优异的成绩迎接党的十七大胜利召开！

# 为“三个服务”和“产业转型”提供技术保障和智力支持

（原交通部公路科学研究院院长　戴东昌）

今年，交通部公路科学研究院坚持把提高为交通部服务能力作为工作的重中之重，努力为交通部打造全方位、一体化、一站式的服务体系，为“三个服务”和“产业转型”提供技术保障和智力支持；确保完成生产任务，特别是交通部重点任务的质量和进度，同时继续保持一定的发展规模和速度，提高市场竞争能力，为发展与改革提供经济基础；及时调整内部机制，完善制度建设，为发展与改革提供制度保障；适时推进结构调整，整合资源，发挥综合优势，为发展与改革提供动力。

为此，我们确定的全年主要工作内容是“两个确保、两个加强、三个推进、十个专项”。

确保国家和部重点科研项目和专项工作的完成，提高服务水平与服务能力；确保横向合同总量，提高行业服务水平和市场竞争能力。

我们与相关兄弟单位紧密合作，全力以赴做好“资源节约型、环境友好型交通发展模式研究”以及“交通由传统产业向现代服务业转型战略研究”工作，做好重大战略问题的研究和技术支撑工作；精心组织6个“国家863计划项目”和3个“国家科技支撑计划项目”的实施；加强两个国检中心和7个部级检测的内部组织建设和制度建设。

市场是公路院发展之源，是自我强身之路。今年我们要确保合同总量不低于去年水平，并力争有所增长。市场开发要在提高产品和服务的科技含量上下工夫，优化结构，提高效益，培育核心业务，增强市场竞争能力。

加强国际合作与交流，构筑国内外合作交流平台；加强宣传工作，提高全院影响力和对外形象。

今年，我们要在提高国际交流水平上下工夫，扩大在相关专业国际组织中的影响；办好2007年世界ITS大会等国际性会议；推进相关实质性技术合作与交流；利用公路交通试验场得天独厚的条件，整合软硬件资源，构筑具有公路院特色的国际国内交流合作平台。

围绕公路院品牌建设这个核心，加强宣传工作，筹划利用科研专报、信息快报等形式，沟通信息，展示成果。

推进公路院基本建设；推进实验室搬迁与建设工作，以交通试验场为核心，建设多功能的试验室群，形成公路院研发基地；推进国家重点实验室申报工作，积极开展国家重点实验室和行业重点实验室的培育和申报工作。

十个专项包括：研究制定加强为部服务职能的指导意见、加强公路院创新能力建设的指导意见；制定、修订院科研项目管理办法、绩效考核办法、核算分配办法、劳动用工与人力资源管理办法等；研究和制定重点实验室建设与管理办法、质检中心建设与管理办法；调整相关职能与分工，强化职能建设；启动院办企业治理结构和发展战略研究。

# 做好“三个服务” 重在强化创新能力 提高服务水平

（交通部水运科学研究院院长 胡平贤）

“三个服务”是当代交通的发展方向。近日在全国水运工作会议上部党组提出了到2020年总体实现水路交通现代化，为水运行业做好“三个服务”提出了新的更高的要求。

根据新的目标，交通部水运科学研究院深刻领会部党组关于抓住水运发展战略机遇，大力发展内河航运，不断开拓海洋运输，积极推进水路交通现代化的总体部署。围绕“十一五”期水运发展的六个重点，召开了进一步加强创新能力建设，努力做好“三个服务”，为总体实现水路交通现代化多做贡献研讨会，大家从政府和市场两个层面，结合水运院努力成为国内领先、国际知名、行业发展主要科技支撑的发展目标，进行了认真深入的研讨。一致认为我们要乘水运发展“两会”的东风，抢抓水运快速发展的机遇，强化创新能力建设，全面提高支撑“三个服务”的科技水平。

## 强化创新能力、提高服务水平，首先要着力增强责任意识、大局意识和服务意识

增强责任意识，就是要始终牢记为政府部门提供高质量的决策咨询服务是部属科研单位最重要的任务，为政府部门提供智力支撑是我们的政治责任；增强大局意识，就是要站在经济社会、综合运输、国际航运的高度关注和研究行业的发展问题；增强服务意识，就是要坚持为行业发展提供高水平的技术服务，始终把行业发展的热点、难点和关键技术问题作为科研单位发挥创新主力军作用的最好平台。

## 强化创新能力、提高服务水平，必须加强前沿研究，对行业发展急需做出快速反应，确保服务质量和水平

加强前沿研究，就是要长期跟踪、及时了解世界水运科技发展前

沿，随时掌握国内水运科技发展动态，加强前瞻性和基础性研究，为此我院于近期制定了前瞻性和基础性研究管理办法，加大了前瞻性和基础性研究的投入；对行业发展急需做出快速反应，就是要不断增强对行业发展的敏感性。对政府、行业关注的热点、急需解决的问题加强技术储备，提高快速反应能力。对行业发展的难点问题，发展中遇到的新问题要提高善于运用四个创新办法解决问题的能力；确保服务质量和水平，就是要通过强化创新能力，对重大决策咨询、科研项目和工程设计确保高质量完成，多出精品成果。

## 强化创新能力、提高服务水平，必须加强优势专业建设，不断开拓新领域，形成自己的特色

水运院在发展战略、规划和政策研究，水运安全研究与评估，港口集装箱与散货装卸工艺、散货码头自动控制和管控一体化等技术领域在国内始终处于领先地位；在环保研究与评估、水运通讯信息系统设计与开发、港口装备研发与咨询等技术领域一直处于国内优势地位；随着实现水路交通现代化要求的不断提高，必须运用差异化的战略思想突出重点、内外联合、强化优势、创造特色。

从单位文化建设层面，要形成水运院的发展文化特色：诚信、服务、效率、质量的理念；团结拼搏，求真务实，开拓创新，追求卓越的精神；严谨、务实的作风；决策有制，管理有章，行为有序的制度；和谐、有序、整洁的环境。

## 强化创新能力、提高服务水平，要紧密围绕行业发展重点，突出抓好三项工作

一是要加强对发展规律的研究，主要包括行业发展规律、科研单位自身发展规律和创新发展规律研究，不断提高发展研究的层次水平；二是要围绕沿海港口结构调整和升级、以长江黄金水道为重点的内河建设、京杭运河扩能改造、现代海运船队建设和结构调整、内河船型标准化和安全保障能力建设“十一五”水运发展的六项重点，在现有研究的基础上，按系统问题、全局问题、关键问题，以及近期和远期问题进行分类梳理，按轻重缓急加强建设性意见和实用性成果研究开发；三是要进一步加强在研重点项目的研究工作，主要包括水路交通向现代服务业转型战略研究、资源节约型环境友好型水路交通发展评价指标体系研究、远洋船舶压载水净化和水上溢油应急处理关键技术研究、水运经济运行分析跟踪研究、内河船型标准化研究、综合运输大通道网络结构建

设动态跟踪研究、我国沿海港口四大运输系统运量短期预测研究、中国水运服务贸易发展战略研究、海运强国发展战略研究、交通行业能源管理长效机制研究、长江安全发展长效机制研究、中国内河运输可持续发展研究、渠化河流智能综合调度管理系统开发以及APEC(亚太经合组织)港口服务网络发展运行等各项重大项目;同时确保市场委托的百余个咨询、服务和工程项目高质量完成。

为全面迎接水运行业新的发展阶段,水运院将紧紧围绕部党组的中心工作,紧密结合行业发展的热点、难点和重点问题,继续坚持人才是根本、创新是动力、质量是生命、文化是基础的发展理念,在全院大兴学习之风、调研之风和创新之风,用创新的思路、创新的方法和创新的技术扎扎实实做好两个支撑,开发好纵横两个市场,以服务型交通科技的创新发展引领服务型交通行业的持续发展,努力实践"三个服务"。

# 立足服务　突出重点　发挥优势

（交通部规划研究院院长　徐　光）

“三个服务”是做好交通工作的时代要求。规划是引领，规划院在交通加快向现代服务业转型中发挥着重要作用。为落实交通部党组提出的努力做好“三个服务”、推进交通事业又好又快发展的要求，规划院需要充分发挥技术支撑作用，立足两个服务、突出三个重点、发挥四个优势。

立足两个服务。就是坚持“服务政府，服务行业，做交通部的智囊团”的根本指导思想。按照这一指导思想，规划院围绕国家和交通部的工作重点，按计划高质量地完成了一系列影响深远的国家级、区域级以及涉及周边国家的交通规划与重大发展战略和政策方面的研究任务，为行业的全面、协调、可持续发展创造了有利条件。我院发展的历程说明，服务政府、服务行业是我院的立院之本，落实“三个服务”的要求，必须坚持以服务政府、服务行业为指导思想，并始终将其作为我院开展规划研究工作的出发点和落脚点。

突出三个重点。一是抓创新。按照交通部建设创新型交通行业的要求，不断激发全员创新精神，并努力通过管理、体制机制、文化创新，大力推进技术创新，全面增强规划院的创新能力，确保规划院的规划研究水平走在行业前列，迈向世界前沿。二是强队伍。单位发展在技术，技术进步在人才。通过引进和培养等多种渠道，促进人才队伍的壮大和成长。实行名人战略，不断推出行业内外拔尖人才和知名人士。三是创品牌。加强精细化管理，保证各个项目是精品，以质量赢得声誉，树立品牌。

发挥四个优势。一是充分发挥规划院公路、水路重大规划项目和传统规划项目的绝对优势，继续做好重点规划的延续工作和交通部今年下达的《综合运输枢纽站场规划》、《国家高速公路网疏港高速公路建设规划》、《长江干线海轮运输规划》、《全国成品油码头建设规划》等重点课题的研究。

二是充分发挥规划院在交通行业战略性、宏观性、政策性研究领域的优势地位，利用掌握的国际、国内信息资源和技术力量，发挥研究力量雄厚的特点，加强前瞻性课题的研究。当前要重点抓好部党组关心的“交通结构调整研究”重大课题，同有关单位一起完成“资源节约型、环境友好型交通发展模式研究”和“交通由传统产业向现代服务业转型研究”以及一批重要课题的研究，为交通部的决策提供有力支持。

三是充分发挥规划院以战略研究为龙头，以信息研发为基础，以公路、水路规划为主体，以安全、环评、设计、咨询为增长点的综合优势，为交通部和交通行业提供全方位服务。

四是充分发挥规划院在交通重点建设项目审核（评估）上的特有优势，加快代部公路、水路审核和国家发改委、世界银行、亚洲开发银行委托的评估咨询项目进度，通过规范审核程序、集中人力资源，按时保质完成审核、评估任务，保障交通基础设施建设的持续发展。

我们一定要做好“三个服务”，坚持以完成交通部指令性任务为中心统筹安排工作，确保各项年度任务的完成，并积极做好行业内的有关工作，满足交通行业的需求，努力为推进交通事业又好又快发展提供有力的技术支持和保障。

# 做好“三个面向” 促进交通通信事业又好又快发展

（中国交通通信中心主任 杨洪义）

交通通信是确保海上安全监管和救助“连得上、通得好、看得见”的重要环节，也是实现交通信息化“服务人民群众安全便捷出行”不可或缺的组成部分。今年，中国交通通信中心继续以科学发展观为统领，贯彻落实全国交通工作会议精神，围绕交通部党组提出的做好“三个服务”要求，把握“三个领域”，努力做好“三个面向”，有效组织实施通信中心“十一五”暨中长期发展规划，确保年度经济目标顺利实现，促进通信中心事业又好又快发展，推动交通行业向现代服务业转型。

一是整合利用资源，把握“三个领域”，努力做好“三个面向”。充分利用自身资源和条件，以做好“三个服务”为着眼点和落脚点，提高为政府、行业和社会服务的能力，把握好应急保障、信息通信和定位导航三个发展领域；着力做好“三个面向”，即面向部机关依法行政手段的现代化，面向安全应急监控技术保障，面向现代物流发展和公众便捷出行信息服务。努力提高为部机关依法行政提供信息通信服务和保障的能力，继续做好水上应急安全通信技术保障工作，抓紧组织实施部大楼通信和信息网络的改造工程，主动为部机关重大活动提供安全畅通的通信和信息网络保障服务。

二是积极开展交通系统通信服务协调管理工作，依法履行行政许可审批职能。继续联系国家无线电主管部门，争取早日获得无线电行政管理和无线电执法对交通部的委托；力争将交通部无线电管理行政许可审批职能纳入正在修改中的《海上交通安全法》，以确保交通部通信行政许可项目的合法地位。积极参与联合清理整顿水上无线电频率台站活动；深入开展长江无线电通信秩序的治理工作；尽快与信息产业部商定甚高频无线电话频道的使用范围，采用频率复用技术，保证部海事局的《全国沿海甚高频安全通信系统总体布局规划》的有效实施；积极参加 2007 年世界无线电通信大会及相关工作组会议。

三是加大主业工作力度，追求规模、质量、效益协调发展。注重长远发展，争取建设第四代卫星地面关口站。注重可持续发展，在稳定提高传统业务规模的同时，大力推动陆地宽带新业务的扩展；紧跟海事卫星技术业务的发展，推出海上宽带、航空宽带和卫星手持机业务的应用等，继续扩展海外市场。注重质量、提高服务水平，重视各系统可靠、安全、稳定运行，通过对现有的通信、信息和网络资源进行优化整合和开发，实现资源的最大化利用。注重提高经济效益，强化和规范经济与财务管理。

四是加大研发投入，提高科技创新能力，为通信中心可持续发展奠定基础。首先，继续贯彻以"研发为储备"的指导思想，确保国家重点项目自主卫星导航系统产业化示范项目的研发工作按计划保质保量完成。其次，在交通行业信息化建设方面，抓好高速公路光纤通信资源的整合研究，搞好通信和软件系统的规划设计，加强对"水上宽带"在水上安全及海事监管、搜救打捞工作中的应用研究和关键技术研究。第三，抓紧做好通信中心内部技术的开发工作。

# 学习理解“三个服务” 为水运建设提供科技支撑

（交通部天津水运工程科学研究院院长 赵冲久）

交通部党组提出的“三个服务”是新时期交通行业发展的战略选择，预示着交通行业的发展将进入新的阶段。天津水运工程科学研究院将紧紧围绕交通行业的发展找准位置，抓住机遇，为水运交通的重大工程项目提供技术支撑，为水运交通的技术发展提供智力支持。

及时调整2007年工作思路。2007年，我们的主要工作是强调“创新”和“策划”两个工作理念，重点开发国内和国外两个市场。新的形势下，我们意识到必须提升科研能力，改善科学研究思路。“策划”有两层含义，一是系统策划本单位的各项工作发展，使之有计划性、前瞻性和系统性，包括仪器设备、专业设置、人才培养等；二是深入企业，帮助企业策划技术需求，策划科研课题。今年以来，天津水运工程科学研究院领导分别带队走访系统和行业内重点单位，收效明显。相信经过一段时间的努力，在提升行业科技水平的同时，天津水运工程科学研究院的发展会上升到一个新的层次。拓展境外市场，参与国际竞争，是建设国际一流科研院所的重点标志之一，也是促进技术出口、实现交通大国向交通强国转变的重要工作。当前是我国水运技术走向国际的大好时机。我们已经具备了技术和价格的“双优势”。

重新制定2010年发展计划及2015年发展规划。以为水运工程建设提供“两个支撑”为主线，到2010年，天津水运工程科学研究院要成为我国水运工程研究领域专业齐全、设备先进、成果水平领先、人才辈出、机制先进的一流研究院和科学研究基地；要成为国外业绩丰富、国际知名的研究单位。要在巩固加强现有特色专业基础上，发展交叉学科，探索新的专业领域。

到2015年，天津水运工程科学研究院的专业和实力与行业发展要求相适应，进一步涉足国际市场，参与国际学术交流，成为国际一流研究机构，对提升交通行业的建设与管理技术水平有明显贡献。通过制定新的发展规划，明确定位、目标、思路和措施，充分利用良好的环境，牢牢抓住难得的机遇。

着力加强人才队伍建设,做好人才和技术的储备。根据新的发展规划,认真策划和重点加强科研、经营、管理、技能四支队伍建设。采取积极有效的措施,切实加大对现有人才选拔和培养力度,进一步加大引进高层次、急缺专业人才的力度。

努力创新机制,适时整合资源。用先进的理念引导,用良好的机制运作,围绕做精、做特色、做优势,把握发展趋势,寻求发展空间,整合内部资源,调整专业方向,策划企业需求,培育科技市场。从事工程科学研究,从发展趋势看,软科学与科学的结合,将成为新的方向。我们在水工结构的安全度和使用寿命评估、水上漂浮物的运动轨迹与救助决策系统(防污染)、河流梯级开发后水库联合调度与船舶航行关系研究、内河航道船舶通航能力研究、风暴潮安全预报及安全措施决策系统和生态型水工建筑物结构研究等方面有一定基础,未来将有很大的发展空间。

# 围绕“三个服务” 优化干部培训

（交通部管理干部学院院长、交通部党校常务副校长　丘建华）

交通管理干部教育和培训工作，必须与时俱进，借助大气候的东风，紧跟时代精神的引领，不断更新培训理念，提高培训质量，融入行业，做好工作。

在2007年全国交通工作会议上，交通部党组从全面建设小康社会、构建社会主义和谐社会的全局审视交通发展，提出交通行业要从传统基础型产业向现代服务型产业转变。李盛霖部长深刻阐述了“三个服务”的本质属性。这一重大战略思想的转变，必将对交通事业未来发展产生深远影响。

“三个服务”理念的提出对干部教育培训工作提出了新的更高的要求。如何使“三个服务”理念从政策解读落实到实际工作中，是干部教育培训工作应该思考的重大问题。

根据部党组的要求，2007年，交通部管理干部学院、交通部党校要努力做好三个方面的重点工作：

一是在党校教育中，突出抓好以贯彻“三个服务”理念为重点的领导干部专题研究班。今年上半年，部党校先后举办“公共服务能力建设”、“和谐交通建设”专题研究班。在为期一个月的研究班学习期间，交通部部长李盛霖和驻部纪检组组长杨利民先后来党校为学员讲课、与学员座谈，共同探讨交通系统贯彻“三个服务”理念的理论问题和实践问题。参加培训的领导干部在认真听取讲座、广泛查阅资料、充分交流讨论的基础上，走上学员论坛，结合工作实践过程中遇到的实际情况，阐述精辟的见解和建议，产生了很好的效果。

二是适应交通行业转型的需要，积极承办各项相关培训任务。学院承办和开设了交通文化建设研讨班、路政培训班、宣传干部技能培训班、机关公文写作培训班、政工干部培训班、纪检监察干部培训班、信访干部培训班、交通产品认证检察员培训班等，进一步加强管理干部的能力和技能培训。这些培训班紧贴交通转型主题，直接面向交通系统相关管理干部，教学计划经过专门设计，同时建立完善的质量保证体系，充分满足了干部培训的需求。

三是转变学院运行理念。交通部对学院"十一五"发展规划的批复指出,学院要坚持"四教育一提升"的发展思路,学校发展应以科学发展观为指导,坚持以人为本、强化交通特色、注重行业需求、突出干部培训,合理配置各类资源,不断提高服务交通事业发展的能力,加快学校全面协调发展。为落实学院的"十一五"发展规划,根据《交通部"十一五"教育培训发展规划》的要求,学院积极组织研究建立"交通行业1+32管理干部培训平台"实施的方案,并着手调整院内组织机构资源,在更好承担交通系统重点培训项目任务的同时,充分发挥交通行业管理干部培训的协调组织功能,推动交通行业管理干部培训工作更好更快地发展。

在积极推进"交通行业1+32管理干部培训平台"建设的同时,交通部党校积极构建更加完善的党校二级教育培训体系。按照党校校务委员会提出的要求,部党校在交通部直属单位和交通系统建立了3个分校或党校教学点,为完成部党组提出的领导干部教育培训任务奠定了更加坚实的基础。

主动跳出学院看学院,站在交通看学院,主动适应交通事业发展和国家经济社会的发展的变化,是我们在工作中形成的理念。历史为交通发展创造了条件,也为干部教育提供了机遇。我们将抓住机遇,以最优化的配置,最积极进取的姿态,为交通事业培训最精良的人才。

# 树立“三个服务”理念　担负高素质人才培养使命

（大连海事大学校长　王祖温）

努力做好“三个服务”，推进交通事业又好又快发展，是交通部在认真总结历史经验、准确把握行业规律的基础上，对交通长远发展的战略思考。大连海事大学作为交通部所属的国家“211 工程”重点建设高校，成为交通尤其是航运领域高层次人才培养的主要基地、科技创新与科技服务的重要基地以及国际海事法规与策略研究的工作基地，是学校发展的必然选择。

在当前和今后一个时期，大连海事大学要围绕“三个服务”，着力做好以下几方面工作。

一是优化人才培养方案，提升人才培养质量。坚持以人为本、以需求为引导，不断完善与交通科技发展相适应、符合知识经济时代需要的、灵活开放的培养模式，优化人才培养方案。航海类专业的培养计划注重体现国际通用性、岗位针对性、法律规定性和国防军事性的特点，强化和培养航海类学生的爱国与敬业精神，经济、法律、环保、安全和服从意识，经营管理、外语应用、应变和实操能力。在满足学位教育要求的同时，满足 STCW 国际公约和国家海事部门相关规定的要求。

结合交通领域经济发展需求，使工学、管理学、法学、经济学和理学等专业的课程体系建设突显航运特色，并将科学研究融入到人才培养的过程中，形成知识、能力、素质并重，具有“宽口径、厚基础”和行业特色的人才培养模式。积极承担交通部委托的每年为郑和家乡定向培养远洋船员以及非航海工科毕业生培养工作；积极争取大型航运企业支持，为航运企业“定单式”培养航海人才。

二是依托交通行业优势，倾力打造学科核心竞争力。以国家级、省部级重点学科为主要力量，打造一批特色突出、优势明显、方向明确、成果显著的学科群，促进学校向具有鲜明航运特色的高水平、多科性研究教学型大学转变。

科学打造 4 个学科群：航海类、航运工程技术类、交通运输法律与经管类、基础及人文社科类。按照整体规划、资源共享的原则，重点搭建5个研究平台:航海数字化与智能化、一体化运输系统、交通装备与自动化技术、绿色交通、基础研究平台。合理构建6个专业群:交通运输、载运工具制造、航运信息科学与工程、海洋与环境、航运法律与经管、基础与人文。

三是构建内外相辅、点面结合的科技工作新模式。以争取承担国家科技发展中重大科研课题为牵引,以装备精良的研究基地建设为保障,充分发挥科研团队的作用;积极向国家、省、部委和大连市推荐科技专家;积极开展与各交通厅(局)及省市相关部门、企事业单位的沟通和全面合作;努力承担国家、省部级重大科研项目和行业重大项目;整合学校具有航运特色的学科资源,组建"航运发展研究院"。

四是实施人才强校战略,培养适应交通发展需要的名师。建设若干由一流学术大师为领军人物、以业务突出的拔尖人才为骨干的学术创新团队,培养一批具有教授资格的国内外知名船长和轮机长,造就一批业务精湛、治学严谨的名师,构建一支适应交通科技发展与高层次人才培养需要的教师队伍。

继续实施人才引进工程和人才培养工程以及高层次人才引进计划、共享院士和讲座教授聘任计划、国际化人才培养资助计划、中青年教师科研资助计划、青年教师攻读博士学位资助计划、青年教师导师指导计划。启动航运知名专家计划,培养航运领域知名学者。

# 立足"三个服务" 提供舆论支持

（中国交通报社社长 周世旺）

《中国交通报》作为惟一的交通行业新闻宣传主流媒体，中国交通新闻网作为经国务院新闻办批准的发布交通行业新闻的惟一网站，对内担负着"传达党组部署，统一行业思想，凝聚行业力量，彰显行业形象，弘扬行业文化，鼓舞行业士气，促进行业发展"的重要任务，对外担负着向社会宣传交通成就、塑造行业形象、改善发展环境等重要任务。

中国交通报社新一届领导班子深刻理解部党组"三个服务"的战略决策，提出了发展的总体思路：立足为部党组和部机关服务、为交通行业服务、为读者和客户服务，推进部党组"三个服务"的战略决策实施和交通又好又快发展，并在交通发展的过程中促进中国交通报社自身的全面发展。

近年来，中国交通报社努力践行"三个服务"，致力于交通的战略发展。

一是牢牢把握宣传导向，用部党组的战略决策统一行业思想。在报纸和网站上专门开辟《司局长论坛》、《创新谈》、《"三个服务"论坛》等栏目，大力宣传了部党组提出的"三个服务"战略、建设创新型交通行业战略、资源节约型和环境友好型交通发展战略等，较好地统一了全行业的思想。

二是大力加强正面宣传，集中就各级交通部门为民务实、依法行政，交通行业各项成就，交通行业先进典型，交通行业发展规划等进行了深度宣传。其中对国家高速公路网战略、港口发展布局战略、新农村公路建设规划战略的宣传，在社会上产生了较强烈的反响；2006 年对交通行业在抗击第 1 号台风、搜救越南渔民、抗击桑美台风的宣传，2007 年对重庆、四川抗洪救灾等一系列的宣传，彰显了交通行业践行党的宗旨的良好形象，获得了社会各界的好评；近年来由本报集中宣传的陈刚毅、孔祥瑞、罗明义等一批重大典型人物，塑造了交通人的良好风尚。

三是坚持社会效益与经济效益相统一，始终把社会效益放在首位。

中国交通报社始终把为部党组和部机关服务、为交通行业服务、为读者和客户服务作为自己的天职，坚持以优质服务求社会效益和经济效益，在交通发展中发展自己。在极其困难的条件下，实现了报纸质量、发行数量、经济效益都有不同程度的增长。从2006年1月至今年7月底，中央电视台《朝闻天下》栏目共播发本报消息近260多条次，本报已成为名副其实的交通行业对外新闻宣传主渠道、主阵地。

中国交通报社是一个完全自收自支，没有任何基建和装备投入，也没有一点财政和部的经费补贴的事业单位；是一个既担负着无偿做好交通行业公益宣传任务，又担负着在市场经济条件下自己谋生存、谋发展艰巨任务的单位。服务、生存、发展是报社面临的三重巨大压力和重大课题。中国交通报社将积极克服困难，努力贯彻部党组“三个服务”战略决策，着力从以下几个方面下工夫：

一是在努力把《中国交通报》办成行业精品报上下工夫。我们的奋斗目标是：努力使《中国交通报》成为全交通行业的专业大报和精品报，成为交通行业内外新闻宣传的主阵地、主流报、权威报，为推进部党组“三个服务”战略实施，为促进行业发展发挥更大的作用。

二是在建好中国交通新闻网上下工夫。在部和行业的支持下，把中国交通新闻网办成集交通行业新闻宣传中心、信息中心、资源中心于一体的交通行业门户网站，并建立起交通行业网站联盟，发挥好交通行业内外宣传的阵地和窗口作用。

三是在加大发行数量、扩大交通宣传的覆盖面上下工夫。重点是增强报纸内容的吸引力、权威力、公信力，积极抓好发行宣传，建好发行网络，使发行的数量和宣传的覆盖面有一个显著的提高。

四是在增强自我生存发展能力上下工夫。下决心改善经营结构，加强市场开发，实现“一主多元”的经营发展架构，不断提高报社市场竞争和抵御风险的能力以及自我“造血”、自我发展的能力，使报社发展步入协调可持续发展轨道。

五是在内部建设上下工夫。重点抓好转变观念、转换机制、调整结构、人才与队伍建设、市场开发等工作，实现五个提升：即《中国交通报》和中国交通新闻网的品牌力、公信力得到提升，服务意识、服务质量得到提升，管理水平得到提升，人的素质得到提升，效益水平得到提升。

# 发挥独特优势 支持"三个服务"

（人民交通出版社社长 杨文银）

我社作为国内惟一一家主要服务交通行业和公众出行的专业出版机构，是交通支持保障系统的组成部分。在交通行业知识传播、技术普及、文化建设、国际交流、人才培养以及宣传交通发展成就、便利公众出行等方面，我社可以发挥独特优势和作用。

按照今年全国交通工作会议精神和李盛霖部长对我社工作的要求，我们确立了"积极配合、主动策划、注重创新、做好服务"的工作方针，力争做到"三贴近"，即贴近部工作需要、贴近行业需要、贴近读者需要。

积极配合，就是以更高的积极性，配合好部机关、部属单位和地方交通部门的相关工作，出版发行一批符合行业实际工作需要、符合读者需求的图书和画册。主动策划，就是以更强的主动性，策划、出版一批围绕交通重点工作所需要的纸质、电子光盘、网络出版物。注重创新，就是以更多的创造性，注重出版物品种、结构、内在质量的创新，注重出版资源多层次开发、多媒介互补互动的创新，注重出版物载体形式及版式、装帧设计、材料、开本的创新。做好服务，就是以更好的自觉性，努力做好对作者、读者和发行经销机构的支持服务工作。

2007 年，我社在 600 种新书、1 000 种重印书的出版计划和 500 种图书的选题组稿计划中，重点安排了以下几类图书：公益宣传类围绕行业发展状况、建设成就、大型宣传活动等，出版发行《2006 中国航运发展报告》（中、英文版）等图书。农村公路类围绕全面加强农村公路建设的需要，出版《农村公路施工图解》等图书。运输生产类围绕提高运输服务水平，重点出版《道路运输工作指导丛书》等图书。安全监管类围绕交通安全监管和人命救助，出版《危险货物运输相关标准汇编》等图书。便捷出行类围绕为公众出行提供便利，在已出版的《中国高速公路及城乡公路网图集》等的基础上，开发 CHA 系列衍生产品等。科技创新类围绕建设资源节约环境友好型、创新型行业，出版《公路环境景观设计要点》等图书；开展《西部重大科技项目丛书》等的组稿、出版工作;维护好《交通科技丛书》等丛书平台。国际交流类围绕“引进来”、“走出去”要求,继续出版《国外最新公路标准规范译丛》;引进出版美国《通行能力手册(2000 版)》、德国《可持续发展的交通》等图书。产业转型类联合科研院所和大专院校,精心筛选、引进国外交通发展演进及转型方面的权威图书;与学会协会合作,开展学术交流并出版论文集,开展相关专著的组稿工作。交通文化类围绕交通文化建设,做好《交通文化建设研究与实践丛书》出版准备工作等。

为更好地支持交通事业又好又快发展,我们将不断改进内部管理,提高运作效率,提升服务水平。今年采取的新举措主要包括完善产品组合,进一步明确各个编辑部门的选题方向,明确与有关司局联系、服务的部门;启动研发基金,加大重点选题、优秀图书研发制作的投入;开展“质量年”活动,确保出版物质量;结合 55 周年社庆系列活动,加强组织文化建设,促进和谐发展等。

# 坚持科学发展　确保煤电油运需要

（中国海运（集团）总公司总裁　李绍德）

中国海运（集团）总公司（简称中国海运）作为国有特大型骨干航运企业，深刻理解交通部党组的正确决策，提出了做好“三个服务”的总体思路：坚持科学发展，努力确保煤电油运等重点物资运输，为国民经济和社会发展服务。

中国海运按照党和国家提出的要在新世纪前20年全面实现小康社会的宏伟战略目标，提出了“建设百年中海、争创世界一流”的目标，进一步做强做大，保障国家重点物资运输安全，满足国民经济快速发展对海上运输的需要。我们将坚持科学发展，积极发展海上先进运输生产能力，通过造、买、租等多种方式，重点发展大型和超大型散货船、油船等。“十一五”期间，中国海运将新增运力超过1000万载重吨，其中超大型散货船、超大型油轮10多艘，苏伊士型和巴拿马型等油轮20多艘；继续保持在国内沿海煤炭、油品运输中的骨干地位，并积极参与进口一程矿、一程油运输，增强企业在航运市场的影响力和带动力。

长期以来，中国海运在海上煤电油运输中占重要地位，每年的沿海煤运量约占市场总量1/3，沿海原油运量占市场总量80%。我们始终将确保煤电油运作为重要的政治任务来抓，同时也将这项工作作为做好“三个服务”的“抓手”。我们密切关注电厂煤炭存耗情况；主动与货主、港口等保持密切的沟通，加强现场疏港；优先安排运力，确保电厂用煤运输需要。我们坚定不移地推进与大货主长期合作的方针，通过与大客户建立紧密的联营合作关系，既更好地服务客户，又在合作中求得自身更好更快的发展。企业运输能力不断增强，将更好地保障煤电油运需要。中国海运是渤海湾客（车）运航线的骨干运输力量，约占该市场50%的份额。我们将继续发挥安全管理水平高、服务质量好的特色，提升运输装备能力，提高服务设施等级和安全管理水平。中国海运正在与大连港、烟台港开展“两港一航”合作，为广大旅客提供更便捷、更优质的服务。

安全重于泰山。做好安全工作，是中国海运做好“三个服务”的重点。我们着力于落实安全生产责任制,建立健全安全生产长效机制,深入开展重大安全隐患的治理工作,加强船舶航行安全管理工作,重点抓好海上旅客运输安全和防污染工作,保持比较稳定的安全局面。我们要按交通部的要求,走资源节约、环境友好型发展之路,履行企业社会公民责任。积极支持国家环保建设,向山东省政府捐赠 1 200 万元用于加强山东沿海船舶溢油应急能力建设,以促进当地海洋渔业、海洋交通和海洋旅游等产业发展,同时为 2008 年奥运会青岛帆船比赛项目营造清洁的水质环境。

中国海运将把“三个服务”贯彻于企业的发展战略中,按照科学发展观的要求,由传统产业向现代服务产业转型,实现持续、稳健、协调发展,在国家全面建设小康社会的进程中充分发挥作为国有特大型交通企业的作用。

# 落实“三个服务” 创造一流业绩

（中国交通建设股份有限公司总裁 孟凤朝）

在今年全国交通工作会议上，交通部党组提出了“三个服务”新理念，作为国有大型交通建设企业，我们将更好地发挥在我国交通基础设施建设中的行业带动和导向作用，为人民群众创造便捷的出行环境，为国家的经济建设提供良好的基础设施。

一是创造一流业绩。作为中国交通基础设施建设的主力军，中交股份积极参与到交通行业的发展和建设中，承担着中国绝大部分沿海及内河的大中型港口和航道、“五纵七横”国道主干线公路以及大型特大型桥梁隧道等交通基础工程的勘察设计和建设任务，为经济的快速发展提供优良的基础设施。在设计承建的众多国家重点工程中，创造了一大批国内乃至亚洲和世界水工、桥梁建设史上的“第一”、“之最”。对于国家重点交通建设项目，中交股份选派最好的管理者、工程技术人员和施工队伍，配备精良的机械设备，加强现场管理，优化施工组织设计，以一流的业绩、一流的质量和一流的服务，对促进社会经济的发展发挥了重要作用。

二是坚持自主创新。加快建设创新型交通建设企业，充分发挥工程勘察设计施工的综合技术优势，着眼于工程建设中的重大和前沿技术，加大投入，通过科技创新引领企业发展。公司通过整合内部技术研发资源，创立了三级联动科技创新体系，形成了“三心六室十二所”科技研发支撑构架，着力构筑“三、三制”人才工程框架体系，大力推进“十百千”人才工程。公司的“新一代港口集装箱起重机关键技术的研发与应用”项目获得国家科技进步奖一等奖；承担的“苏通大桥建设关键技术研究”项目被列入国家科技支撑计划；“离岸深水港口关键技术研究”被列入2005年至2020年国家中长期科学技术发展纲要；高等级公路建设成套技术、大跨径桥梁和深水筑港技术等一大批拥有完全自主知识产权的核心技术已达到国际领先水平。

三是落实社会责任。按照“三个服务”的要求更好地回报社会，这不仅体现在我们要把优质的工程和产品奉献给社会，保证国家交通基础设施的安全运行，而且体现在企业又好又快发展的同时必须承担更多的社会责任，为社会多做贡献。我们认真研究改革发展中涉及职工利益的热点、难点，尤其要解决好农民工问题，从体制上、制度上保证农民工的根本利益。我们许多的工程项目大都在经济欠发达地区，很多项目部在架桥修路创造优质工程的同时，还主动承担起了为当地百姓捐资助学、扶危济困、绿化环境等多种“副业”，受到了当地政府和百姓的高度评价，树立起了“中国交通建设”的良好形象，实现了企业的经济效益和社会效益的和谐发展。

四是打造优秀文化。公司坚持将企业文化建设植根于企业发展战略与生产经营当中，坚持继承、融合、创新的原则，对原港湾和路桥的企业文化进行提炼升华，确定了新的企业宗旨理念、价值取向，逐步形成了具有交通基础建设行业特点和中交特色的企业文化理念。秉承“诚信服务、优质回报、不断超越”的企业宗旨，维护企业良好的社会形象。“重合同、守信誉”，努力做到“完成一个项目，树立一座丰碑，创造一个品牌，致富一方百姓”，全力打造“诚信中交、品牌中交、效益中交、和谐中交”。

# 建设一流科研机构　努力做好“三个服务”

（交通部科学研究院院长　李作敏）

党的十七大是在我国改革发展的关键时期召开的一次十分重要的大会。大会高举中国特色社会主义伟大旗帜，进一步明确了科学发展观的科学内涵和精神实质，提出了深入贯彻落实科学发展观的根本要求，描绘了在新的时代条件下继续全面建设小康社会、加快推进社会主义现代化的宏伟蓝图。我们通过深入学习领会十七大精神，更加深刻认识到，交通部党组在今年交通工作会议上提出的做好“三个服务”的总体要求，完全符合十七大会议精神，既是交通行业深入贯彻落实科学发展观的具体体现，更是我院各项工作的重要指针。当前和今后一个时期，交通部科学研究院将按照努力做好“三个服务”的总体要求，以市场为导向，以效益为中心，以服务为宗旨，以创新为动力，走“科研立院、产业富院、人才强院”的发展之路，建设一流的科研机构。

**坚持科研立院，打造行业一流决策咨询机构。**交通部科学研究院作为交通部直属的前瞻性、公益性、基础性的科研单位，一直努力提高科技实力和服务水平，发挥自身的优势和特长，加强为交通部和交通行业的服务。近年来，交通部科学研究院承担了大量国家、交通部和各省、市、区的重大科研项目以及国家与行业标准规范的制修订工作，为交通行业提供了大量优质的决策咨询服务。在部党组的直接指导下，由部科教司组织实施，交通部科学研究院牵头开展了“建设创新型交通行业发展战略研究”、“交通由传统产业向现代服务业转型战略研究”、“资源节约型、环境友好型交通发展模式研究”、“交通文化建设研究”等重大政策研究，开展了“交通科技发展战略研究”、“节约型交通行业发展战略研究”等一系列重大课题研究工作。今后交通部科学研究院要在已有工作的基础上，按照“主动、及时、优质、高效”的要求，努力当好部党组的“千里眼”、“顺风耳”和“智囊团”，不断提升为交通部服务能力、市场竞争能力和可持续发展能力，全面提高为政府服务、为行业服务的质量和水平，打造行业一流的决策咨询机构。

**坚持产业富院，推进交科院持续快速协调发展。**经济增长是发展的基础，也是保持交通部科学研究院持续、快速、协调发展的重要支撑。我院要根据行业发展需求，大力拓展业务领域和渠道，加大为行业服务的力度，不断夯实经济基础，促进产业富院。一是在做好交通决策咨询、信息化、环保与安全、标准与计量等主要业务的同时，大力开展工程咨询、设计等业务，推进新技术、新材料的推广与应用。二是承办好交通部主办的两年一届的国际公路水运交通技术与设备展览会暨中国交通发展论坛。三是大力推进交通产品认证制度的实施，为行业搭建科技创新与成果应用的重要平台。四是不断进行体制机制创新，完善激励约束机制，激发产业发展动力，加强对经济实体的治理和监管，促进产业快速健康发展。

**坚持人才强院，构筑“人显其才、人尽其能”的人才高地。**我们将始终坚持“人才资源是第一资源”的战略思想，把发现、培养、使用和凝聚优秀人才作为发展的重要任务，用事业凝聚人才，用实践造就人才，用机制激励人才，着力加强科研技术人才和经营管理人才队伍建设。一是要培养国内一流水平的行业知名专家、院级学术带头人和科研与工程技术骨干队伍，建立科技人才梯队；发现、锻炼和引进一批具有良好领导素养、富有敬业精神、具备市场开拓能力和组织管理能力的经营管理复合型人才。二是采取更加积极的人才政策，为人才提供有相对竞争力的合理薪酬、和谐融洽的工作氛围、个人事业发展的平台，加大对优秀人才的培养和引进力度。三是要树立大人才观，邀请国内知名学者、国外交通专家参与交通部科学研究院的科研活动。

交通部科学研究院将以十七大精神为指引，努力做好“三个服务”，开拓奋进，扎实工作，力争把交通部科学研究院建设成国内交通运输领域中在战略性、政策性研究等方面权威一流的智囊机构；在信息化、标准化、环保与安全技术等方面具有优势的重要创新基地；在科技中介服务等方面有特色的知名中介组织，成为开拓创新、和谐富裕、充满活力的新型科研院所。

# 后记

HOUJI

在 2007 年全国交通工作会议上,李盛霖部长提出了"努力做好三个服务,推进交通事业又好又快发展"的总要求。为了统一思想,加深认识,提高做好"三个服务"的能力和水平,中国交通报从 2007 年 3 月到 9 月在头版显著位置开辟了《"三个服务"论坛》专栏,陆续刊登了交通部各司局、部直属单位、省区市交通厅局、相关交通企事业单位主要领导的 65 篇署名文章。

为了深入贯彻落实党的十七大精神,实现交通又好又快发展,中国交通报社把这些文章结集出版。在出书过程中,李盛霖部长在百忙中为本书作序,并为本书定名。他在《求是》杂志上发表的《做好三个服务 促进社会和谐》的理论文章,作为开篇收入书中,这无疑丰富了本书的内容。

衷心感谢文章的作者拨冗撰稿,发表真知灼见。这些文章脉络清晰,观点新颖,提出的措施可操作性强,对于加快推进交通由传统产业向现代服务业转变,具有较高的参考价值和指导作用。

让我们乘十七大的东风,深入贯彻落实科学发展观,努力做好"三个服务",实现交通又好又快发展,为夺取全面建设小康社会新胜利贡献力量。

**特别鸣谢交科院海威(北京)交通科技有限公司对本书的鼎立支持。**

编　者

2007 年 12 月 6 日